JN027585

コーポレート・
ガバナンス
「本当にそうなのか?」

大量データからみる真実

円谷昭一［編著］

＋一橋コーポレート・ガバナンス研究会

2

同文舘出版

コーポレート・ガバナンス「本当にそうなのか？」2 ●もくじ

コーポレート・ガバナンス「本当にそうなのか？」2

序章

ガバナンス改革は
本当に進んだのか？

1. 浮き彫りとなったコーポレート・ガバナンス問題 ―三菱電機の事例―

二子玉川駅からタクシーで10分弱の小高い丘の静寂の中に，静嘉堂文庫と同美術館とがひっそりと並びたたずんでいる。静嘉堂は岩﨑彌之助氏（三菱二代社長）と岩﨑小彌太氏（同四代社長）の父子によって設立され，20万冊の古典籍と6,500点の東洋古美術品を収蔵している。曜変天目茶碗（国宝）を所蔵することで有名な美術館の建物は平成の作であるが，隣接する静嘉堂文庫は大正時代の建築である。当時最先端の建築技法が用いられたのであろうが，今日まで変わらず維持されてきたのは，職員の皆様の日々のご努力に加えて岩﨑家・三菱グループの支えがあったであろうことは想像に難くない。日本の産業勃興の担い手であっただけでなく，文化の保護者でもあった三菱グループには日本人の1人として心から感謝している。だからこそ，三菱電機をめぐる2021年の騒動は忸怩たる思いであった。

三菱電機では鉄道車両用空調装置等の不適切検査が2021年6月に発覚し，7月には社長の辞任と新社長の就任が発表された。筆者はこの一連の出来事に対して，コーポレート・ガバナンスという視点で大変な違和感を持たずにはいられなかった。筆者は拙作の中で特定企業を批判的に取り上げることはできるだけ避けたいと考えている。そこで働く一人ひとりの従業員の皆さんは誇りを持って日々の仕事に励んでおり，そして，その企業とともに歩んできたそれぞれの人生がある。三菱電機という特定企業を取り上げざるを得ないことは慙愧に堪えないが，日本企業が抱えるコーポレート・ガバナンスをめぐる昨今の問題を浮き彫りにするうえで避けて通ることはできない事例だと筆者は考えている。

◆社長辞任会見（7月2日）の違和感

2021年6月に公表された不適切検査の責任をとって，7月2日に取締役執行役のＡ社長が会見を開き辞任を発表した。不適切検査によって辞任が必要なのかどうかは筆者にはわからないが，その辞任の仕方には違和感を覚えた。Ａ社長は会見の中で「私が社長の職を辞し，新たな体制で信頼回復に取り組んでいくことが必要との判断に至りました」と述べている。三菱電機は指名委員会等設置会社である。本来であれば，「社長の職を辞すことを決し，指名委員会にも伝えました」となるのではないか。なぜならば，指名委員会によって解任される可能性もゼロではないからである。そして，会見には指名委員会の社外取締役メンバーは誰も出席していなかった。新社長をどのように選ぶのかを指名委員会から説明しなくてもよいのだろうか。

違和感を抱いた筆者は，さっそく同社のコーポレート・ガバナンス報告書，招集通知，アニュアルレポート，有価証券報告書を開いて指名委員会の役割を確認した。その結果，すべての資料に「会社法が定める目的及び権限に基づき職務を執行しています」とのみ記載されており，どのような活動を行っているのかはまったくわからない。そもそも社長の辞任発表という会見の場に指名委員会のメンバーが参加しなくてもよいのだろうか。その後の質疑応答において，残念ながらこうした筆者の違和感を代弁してくれるマスコミ，アナリストは1人もいなかった。

◆新社長就任発表（7月28日）の違和感

Ａ社長の辞任を受けて，新社長の就任記者会見が7月28日に行われた。この会見には指名委員長が出席していた。新社長の選出にあたって指名委員会がどのように関与したかが指名委員長の口から説

明された。それによると，社長辞任という異例の事態にあたり，社長候補数名をリストアップして急きょインタビューを行ったという。すべてが「異例の作業」であったと強調されていた。この発言から，社長の辞任は想定していなかった，事前に次期社長候補者の選定はされていなかったことがわかる。何のための指名委員会なのかと思ってしまう。人間である限り，病気や不慮の事故を誰も避けることはできないが，そうした事態すらも想定していなかったのであろうか。

その後の質疑応答ではフロアから「今回の問題を巡りA社長が辞任したことは，象徴的な意味では理解できるが，一方，前任者が会長に残る中でA社長のみの辞任はロジックとして理解できないが，理由と効果について教えてほしい」という質問がなされたが，これについては新社長が回答し，指名委員長は何らの回答もしていなかった。

◆取締役のスキルと報酬への違和感

この2回の会見で感じた違和感は筆者だけのものかもしれない。また，社外取締役の報酬が低く，または（言葉は大変悪いが）このような異例の事態に対応できるだけのスキルが各取締役には備わっていなかったのかもしれない。それであれば日本企業全体への教訓ということで納得もできたであろう。しかしながら，筆者にはどうしても納得できない理由がある。

図表序-1は2021年6月に開催された株主総会での三菱電機の取締役（候補者）のスキル・マトリックスである。スキル・マトリックスについては第5章で詳しく述べるが，個々の経営陣が保有しているスキルを一覧にした表である。図表序-1を見ると社内・社外を問わず取締役全員の「内部統制・ガバナンス」に「○」が付いている。つまり取締役全員が例外なくガバナンスに関する専門知識を有するにもかかわらず，委員会の活動やその開示の改善について何らの手

も打ってこなかったと思われるのである。もちろん内部ではさまざまな議論が行われていたのであろうが，その内容が一切開示されていない以上，それは「やっていないのではないか」と思われても仕方がないであろう。

百歩譲って，社外取締役の報酬が低いために，自身のガバナンス・スキルを発揮しようというインセンティブが生じていないのかもしれない。それであればスキルに見合う報酬体系を作ることでコーポレート・ガバナンスの改善が図られる可能性がある。**図表序-2**が2021年3月期の社外取締役の報酬である。

社外取締役1人当たりの平均報酬額は単純平均で1,420万円，基本報酬だけでも1人当たり1,220万円である。筆者の年収をはるかに上回る金額が支給されている。本当にこの金額に見合う活動が内部で行われていたのか。少なくとも開示資料からはそれがまったく見えて

図表序-1　取締役（候補者）のスキル・マトリックス（2021年6月株主総会）

	企業経営・経営戦略	内部統制・ガバナンス	財務・会計	法務・コンプライアンス	人事・人材開発	グローバル	研究開発・生産
取締役・会長	○	○			○	○	○
取締役・社長	○	○			○	○	○
取締役	○	○	○	○			
取締役	○	○	○				
取締役	○	○				○	
取締役	○	○			○		
取締役（新任）	○	○	○		○		
社外取締役		○			○	○	
社外取締役		○		○	○		
社外取締役		○	○		○		
社外取締役	○	○	○		○		
社外取締役	○	○	○		○		

出所：三菱電機「第150回定時株主総会招集ご通知」より筆者作成

図表序-2　三菱電機の社外取締役報酬（2021年3月期）

支給人員	報酬等の総額	報酬等の種類別の総額	
		基本報酬	退任慰労金
5名	7,100万円	6,100万円	1,000万円

出所：三菱電機「有価証券報告書（第150期）」より筆者作成

こないのである。同社の招集通知に記載されている社外取締役の職務の概要欄には，指名委員長は「社外取締役として期待される役割を十分に発揮しています」と“十分に”と強調されて記載されている。上記の2回の記者会見での言動や開示資料での記載は果たして報酬1,200万円強に対する十分な職務と言えるのであろうか。筆者は甚だ疑問に思うし，本書の共同執筆者であり未来への夢を抱いて社会人としてスタートを切ったばかりのゼミ生たちが可哀想でならない。

◆外部調査委員会への違和感

　今回の不適切検査の判明を受けて，著名法律事務所の弁護士を委員長とする外部調査委員会が7月21日に設置され，その調査報告書が10月1日に公表されている。報告書の中では，「本件品質不正が三菱電機のモニタリング型のガバナンス構造に起因したことを示す事実は見当たらない」（287頁）としたうえで，「三菱電機においては，ガバナンスはそれなりに機能していたと考えられ」（同）ると報告している。一方で，「外部目線に立って，「それは本当なのか」と疑う姿勢が必ずしも十分ではなかったのではないかと思われる。その意味では，三菱電機の取締役会がそのモニタリング機能を一層高めるべく独立社外取締役を増やすことを検討していることには理由があると思われる」（289頁）と述べている。果たしてそうであろうか。これまで述べてきたような社外取締役の活用の仕方がこれからも変わらず続くのであれば，独立社外取締役がいくら増員されたところで結果は変わらないのではないか。

　事実，7月2日に辞任を発表したA社長は，舌の根も乾かぬ同月28日には特別顧問に就任している。もちろん有報酬であり，就任の目的は「公的・業界団体等の対外活動等」なのだという。これについて調査報告書は一言も触れていない。当然ながら，指名委員会も

何らの説明もしていない。

三菱電機の取締役会長のB氏は経団連副会長に就任していた。7月2日のA社長辞任会見に続き，B会長の経団連副会長としての活動を自粛する旨のプレスリリースが7月5日に発表されている。その後，10月1日には経団連副会長（および知的財産委員長，宇宙開発利用推進委員長，ヨーロッパ地域委員長，日本トルコ経済委員長）の辞任がプレスリリースされた。経団連は，コーポレートガバナンス・コードの再改訂について議論する金融庁「スチュワードシップ・コード及びコーポレートガバナンス・コードのフォローアップ会議」のメンバーである。コーポレートガバナンス・コードは2021年6月に再改訂されたが，それに先立つ3月31日のフォローアップ会議にて改訂（案）の中身について最後の審議がなされた。経団連を代表する委員はこの会議に欠席し，代わりに一片のペーパーを提出した。そのペーパーの中で，「ガバナンス改革が企業価値向上に与える影響について，検証作業をお願いしたい」と金融庁に要望を出している。

三菱電機の事例を見れば，形だけのガバナンス改革では企業価値向上[1]に資さないことは明白である。それは経団連自身がもっともよくわかっているはずである。検証作業ももちろん重要だが，日本でまず行わなければならないのは，企業価値向上に資するように改革を進めるためにはどのようにすればよいかの膝を突き合せた議論であろう。

2. 本書の問題意識と特徴

三菱電機の事例は象徴的であったが，日本の大企業の一部では社外取締役を選任したにもかかわらず，うまく活用できていない，または，不祥事を防ぐ機能が果たされなかったという他の事例も報告

---

1 企業価値という用語について「欧米では「企業価値（エンタープライズバリュー）」という言葉にお目にかかることはまずない。少なくとも新聞やテレビのレベルでは普段接するのは「株主価値」だけだ」（牧野［2007］，282頁），「企業価値という概念は欧米から輸入されたものではないかと多くの人は思っているが，欧米で企業価値という表現はあまり一般的ではない。企業価値ではなく，そのかわりに使われるのは株主価値（shareholder value）という表現だ」（宮川［2022］，98頁）と指摘されている。

されている。つまり，これは三菱電機だけの問題ではなく，日本企業に共通する問題なのである。そこで本書では社外取締役の報酬，活動，能力に焦点を当て，主要国企業との比較を中心としながら，日本における社外取締役の活動をよりよいものにするための提言を試みる。実効性を高めるための提言，と言い換えてもよいであろう。

　結論から言うと，日本の大企業の社外取締役はその高額報酬に見合うだけの責務を果たしていないと考えられても仕方のない状況にある。主要国企業と比べて情報開示があまりに少なく，責務を果たしているのかどうかが外部からはわからないからである。今後，自社が社外取締役に求める役割を明確化し，その役割に対する報酬をしっかりと整えるとともに期待に沿った活動をしているかどうかの情報開示の拡充が求められるであろう。ただし，社外取締役に対してより一層の活動を求めると"なり手不足"の問題を心配する声がより強まるであろう。それについても第6章の最後で対策を提言している。

　社外取締役の報酬・活動・能力に焦点を当てると書いたが，本書の前提として「報酬＝責務（活動）×能力」と考えている。つまり，仕事の量・質と個人の能力の掛け算によって報酬額が決まるという極めて単純な前提である（図表序-3）。もちろん，責務と能力だけではなく，経営成果ややる気といったファクターも重要であろう[2]。ただ，社外取締役に経営成果まで求めるかどうかについては意見が分かれており，またやる気といった要素は定量化が極めて困難であ

図表序-3　本書の調査フレームワーク

---

2 牧野［2007］は米レンズファンド共同創業者のネル・ミノウ氏の発言を引用し「取締役会の独立性を高めるために社外の人材を集めるだけでは何の意味もありません。『独立性』が『無関心』に置き換わるだけの結果になるから。……（中略）……社外取締役にとって重要な資質には，独立性に加えて能力と意欲もある」（162頁）と指摘している。

るために本書では責務と能力に焦点を絞っている。

　この前提に立ち，報酬・責務・能力の３つの側面から日本企業と主要国企業（後述）との比較を行っている。『週刊東洋経済』が2021年７月10日号で「社外役員"厚遇"のリアル」（61頁）という記事を掲載しているが，たとえば，主要国企業と比べて日本企業の社外取締役報酬が高く，一方で活動と能力は平均的であったとするならば，日本企業の社外取締役は相対的に"厚遇"されていることになる。なぜ厚遇がいけないのか。もし厚遇されている場合には，来期以降も社外取締役として再任されることが目的化し，独立性が実質的に失われることでモニタリング機能を発揮しなくなる可能性がある。これはコーポレート・ガバナンスの根幹に関わる問題である。

　もちろん，主要国企業の平均的な報酬水準が"正解"であるわけではない。各国の雇用環境やガバナンスのシステム，法制度・開示制度などによって変わってくるであろうことはもちろん承知している。しかしながら，日本で社外取締役の報酬・活動・能力を多面的に取り扱った調査・研究を筆者は寡聞にして知らない。本書はそこに焦点を当て，今後の日本企業のコーポレート・ガバナンスの議論に資する基礎的な情報を提供することを目的としている。

　この目的を達成するために，前作に引き続き，研究書と実務書の間を埋めることにこだわった。これが本書の最大の特徴である。本書（および前作）は学術研究書ではない。実証分析にもとづいた研究書は，先行研究を丹念に調べ上げたうえで，理論に沿って仮説を構築し，その仮説の真偽を統計解析を代表とした科学的手法によって確かめる作業である。本書の出発点はそもそも理論ではない。本当にそうなのか？という筆者の勘，いや単なる好奇心からであり，必ずしも学術研究の手続を踏襲したものではない。

では，実務書なのかと問われたならば，おそらく否である。筆者には，大量データの中には真実が隠されている，という研究者としての信念めいた経験則がある。ごくごく一部の極端な事例にとらわれず，大量データの分析だからこそ真実を浮き彫りにすることができると考えている。よって本書では，できる限りデータの拡充を目指している。ただし，前作の続編であるため本書のタイトルは『大量データから見る真実』となっているが，正直に言えば，本書では（前作と比べて）使用したデータの数はかなり少ない。データ収集にあまりにもコストがかかるためにサンプルを絞り込まなければならなかったのが理由だが，他のアンケート結果などを引用することでできる限り全体像が把握できるように心がけた。

　宍戸ほか［2010］によればコーポレート・ガバナンスの問題点を論じる際には３つの視点「実体論」「制度論」「規範論」があるという。このうちの実体論とは，「いま日本の多くの公開会社が行っているガバナンスの姿がおかしいという話」（32頁）だという。この分類に従えば，本書は実体論を中心としており，制度論への若干の提言も行っている。

3. 本書の構成

　上記の問題意識のもとで社外取締役の報酬・責務・能力に関する調査を第１〜６章で報告する。第７章および第８章はそれ以外のコーポレート・ガバナンスに関する論点をオムニバスで収録している。

(1) 第1〜6章―社外取締役の報酬・責務・能力

　第1・2章では社外取締役の報酬を取り上げている。第1章では日本企業の社外取締役報酬が主要国企業と比較してどの程度の水準にあるのかを明らかにしている。まずは総額の比較をしたうえで，報酬の中身を第2章で調査している。具体的には，取締役会議長，各委員会の委員長，筆頭社外取締役にどれほどの役職手当が支給されているかを主要国ごとに推計して比較している。

　社外取締役の責務（活動）について調査したのが第3・4章である。本書では社外取締役の活動として委員会での活動に焦点を当てている。委員会での活動状況が日本と他の主要国とでどのように異なっているかを第3章では指名委員，第4章では報酬委員会を取り上げてそれぞれの調査結果を報告する。

　取締役の能力に関する調査が第5・6章である。本書では2021年3月期が実質的な開示元年となったスキル・マトリックスを用いて取締役の能力の主要国比較を試みている。第5章ではスキル全般について考察し，第6章ではスキルのうちの「財務・会計」スキルに焦点を絞って日米企業のさまざまな相違点を明らかにしている。こうした一連の調査から得られた結果を踏まえ，日本企業に求められるであろう今後の施策について第6章の終わりで提言を行っている。

(2) 第7・8章―社外取締役と企業価値，人的資本

　第7章では社外取締役の比率と企業価値との関係に関する基礎的考察の結果を報告する。前述したフォローアップ会議に提出された経団連のペーパーにもあるように「ガバナンス改革が企業価値向上に与える影響」についての検証作業は日本の学術界における課題で

もある。

　第8章は人的資本に焦点を当てる。日本では2021年6月に再改訂されたコーポレートガバナンス・コードの中で「人的資本」という言葉が登場した。また，欧米でも人的資本に関する開示が活発化しており，まずは人的資本開示がどのように行われているかを日米企業の比較を中心に報告する。

（3）一橋コーポレート・ガバナンス研究会

　前作『コーポレート・ガバナンス「本当にそうなのか？」―大量データからみる真実―』（同文舘出版，2017年12月）の発刊から5年近くが経った。本書はこの続編である。前作の執筆にあたって，できる限り大量のデータを用いることを心がけた。これらの調査をたった1人で行うにはおのずと限界がある。そこで，筆者の考えに賛同してくれた円谷研究室の学生とともに私的研究会「一橋コーポレート・ガバナンス研究会」を立ち上げ，グループごとに各論点を分担し，資料収集と基礎調査を行う体制を整えた。今回も同様の体制で調査・執筆を進めている。もちろん，筆者がその統括として細部にわたり指示を出し，また，データの正確性などについてもできる限り元データから自らの目で確認している。

　彼ら彼女らの献身的な作業がなければ，もちろん本書は生まれていない。ここに本書の執筆に参加した研究会のメンバーを列記することをご容赦いただきたい。

円谷ゼミ7期生　天野翔太・今村遥香・岡野航大・小川千穂・片柳
　　　　　　　　英鵬・加藤海斗・細井雄介・吉﨑伽音・渡邉安理
　　　　　　　　沙・楊　越

なお，本書の第1～6章を要約した論文が上記メンバーの名前で
プロネクサス・ディスクロージャー調査研究部『研究レポート』第
16号（2022年2月）に「日本の社外取締役の報酬と能力・職責の問
題提起と改善提言～米国及び主要国との比較調査～」として掲載さ
れている。また，第8章は円谷昭一「人的資本をめぐる開示の主要
国比較調査」『OMNI-MANAGEMENT』（2022年10月号）を加筆・
修正したものである。本書への収録に際して各執筆者およびプロネ
クサス，日本経営協会の完全な許諾を得ている。

　仰々しい名前を付けてはみたものの，ちっぽけな研究会である。
強いて言うなら，原資料を人海戦術でデータベース化することだけ
は取柄であるが，その強み（？）を生かして今後もひっそりと活動
を続ける予定でいる。2017年に発刊した前作で我々は第一歩を踏み
出したが，5年をかけて二歩目に到達した。遅々とはしているが，
これらの歩みが日本企業が直面するさまざまな課題を解決するヒン
トとなれば幸いである。

ガバナンス改革は本当に進んだのか？　序章

15

第**1**章

社外取締役の報酬の各国比較

報酬	=	責務	×	能力
1・2章		3・4章		5・6章

1. ベールに包まれた社外取締役の報酬

「日本の大企業の社外取締役の報酬は世界で見ても高額なほうです，少なくとも低くはありませんよ」と言うと，企業のIR担当者だけでなく機関投資家であっても「そうなんですか⁉」と驚かれる方は意外と多い。日本国内では「社外取締役の報酬が低すぎる」，そのために「有能ななり手が出てこない」という社外取締役人材不足論へとつながることが多い（日本経済新聞2017年4月9日朝刊など）。筆者はこの人材不足論には否定的なのだが，その根拠は本書の中で追々明らかにしていくとして，まずは日本と世界の社外取締役報酬の水準を明らかにしておきたい。

図表1-1はSpencerStuart社が行った調査，**図表1-2**はウイリス・タワーズワトソン社の調査結果である。

両調査の対象企業や集計方法が異なるため**図表1-1**では日本企業はドイツ企業よりも高報酬であり，**図表1-2**では逆に低報酬となっているが，どちらの調査でも日本企業はイギリス企業とほぼ同額であり，フランス企業よりも高額に位置している。社外取締役報酬で米国は確かに他国を引き離す水準にあるが，米国以外の主要国との

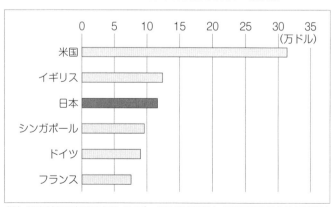

図表1-1　主要国の非業務執行取締役の報酬額

（注）調査対象は各国の主要インデックス構成銘柄とされており具体的な社数は不明
出所：SpencerStuart "Boards Around the World" より筆者作成

比較において日本企業はほぼ同水準，少なくとも低水準ではない。

　株式会社の取締役に限らず，個人が受け取る報酬額を単純に「責務」と「能力」の掛け算であると捉えるとすれば，日本企業の社外取締役の報酬水準は主要国（米国は除く）と同水準であるので，「責務」および「能力」も他国と違いはないはずである。本書では前者の「責務」については指名委員会および報酬委員会での活動内容という視点で各国比較を行い（第3・4章），「能力」についてはスキル・マトリックスを手がかりとして第5・6章で調査結果を報告する。本章では，まずは社外取締役報酬の主要国比較をさらに深堀りすることで実態を明らかにし，次章以降の調査の出発点とする。

2. 主要国の社外取締役報酬の金額

　役員報酬を議論する際の論点はじつに多岐にわたる。まずは金額そのものでかまびすしい議論がなされ，どのような形態で支給するか（現金か株式かなど），どのような項目と連動させるか（利益か株価かなど），従業員給与との相対水準（ペイ・レシオ）をどの程度にするか，情報開示をどうするか（個別開示をするかなど）……

図表1-2　日米欧社外取締役報酬比較（2021年）

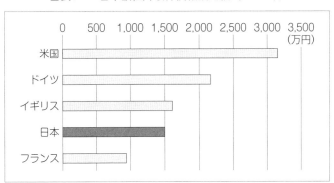

（注）調査対象は主要インデックスを構成する売上高等1兆円以上の米国企業
　　　137社，イギリス企業47社，ドイツ企業25社，フランス企業34社，日本企業70社の中央値。
出所：ウイリス・タワーズワトソン「日米欧CEOおよび社外取締役報酬比較（2021年調査）」より筆者作成

論点を挙げ始めれば枚挙に暇がない。それは社外取締役の報酬についても同様である。これらの論点を本書ですべてカバーすることはできないのだが，まずは報酬総額の調査からスタートする。

　本書で日本企業と比較するのは米国，イギリス，ドイツ，フランスそしてアジア企業としてシンガポールを選んだ。シンガポールはAsian Corporate Governance Association（ACGA）が2年ごとに発行している "CG Watch" の2000年版でアジア内でのコーポレート・ガバナンスのランキングが2位であり（1位はオーストラリア），コーポレート・ガバナンスにおいてアジアを代表する国だと評価されているからである。

　なお，調査にあたっては独立取締役（independent director），社外取締役（outside director），非業務執行取締役（non-executive director）などを区分せずにデータを集めている。各国ごと各社ごとに表記が統一されておらず，これらを詳細に分類して集計することで，かえって全体の輪郭がつかめなくなってしまうからである。また，とりわけ日本では独立社外取締役と（非独立）社外取締役それぞれの報酬額を別々に入手することができないことも大きな障壁となる。したがって，以降ではこれらを単に「社外取締役」と記載することとし，独立性の有無などが調査に影響する章・節に限って用語を使い分けて表記する。

（1）日本（日経225企業）

　日本の社外取締役の実態については東京証券取引所『コーポレート・ガバナンス白書』（隔年発行），日本取締役協会『上場企業のコーポレート・ガバナンス調査』（毎年実施）などから全体像を知ることができるが，個別企業の役員報酬額については各社の有価証券

報告書からデータを1社ずつ収集する必要がある。その収集作業は
かなりの労力が必要となるため，本書では2020年末時点の日経225
構成銘柄に絞ってデータを収集した。データ収集期間は2020年2月
期から2021年1月期である。

　なお，有価証券報告書での役員報酬の記載における役員区分では
図表1-3のAとBのような2つの形式が主に採用されている（監査
役設置会社の場合）。

　Aタイプの企業は社外取締役と社外監査役の報酬を別々に総額記
載しており，Bタイプの企業はそれを「社外役員」として合算して
記載している。225社のうちAタイプは95社，Bタイプは130社であ
った。リクルートホールディングスのように有価証券報告書で全取
締役（社外者を含む）の報酬を個別開示している企業はあるものの，
ほとんどの日本企業は（報酬額が1億円以上の役員を除いて）報酬
額を合算して開示しているため，次の方法によって各社外取締役の
報酬額を推計した。

　まずAタイプの企業については，社外取締役の報酬総額を社外取
締役の員数で割ることによって1人当たりの報酬額を推計した。B
タイプの企業の場合，社外役員の報酬総額を社外役員数で割った値
を社外取締役の報酬額の代替値として用いるしか方法がない。しか
しながら，社外取締役と社外監査役とで報酬額が異なる場合には，
この方法で推計した社外取締役の報酬額はよりノイズを含んだもの
となってしまう。そこで予備的調査として，Aタイプ企業95社を対
象にして社外取締役と社外監査役の報酬が異なっているかどうかを

図表1-3　社外取締役の報酬開示の形式

A：社外取締役と社外監査役を別記

	報酬額	支給員数
社内取締役 （社外者を除く）	xxx	x
社内監査役 （社外者を除く）	xxx	x
社外取締役	xxx	x
社外監査役	xxx	x

B：社外役員として合算表記

	報酬額	支給員数
社内取締役 （社外者を除く）	xxx	x
社内監査役 （社外者を除く）	xxx	x
社外役員	xxx	x

出所：筆者作成

調査した。その結果，95社の単純平均で社外取締役の1人当たり報酬額は1,445万円，社外監査役の報酬額は1,093万円となり，社外取締役の報酬が社外監査役を上回る結果となった。したがって，Bタイプ企業において「社外役員報酬総額÷社外役員数」を計算すると，社外監査役が全体の平均値を下げるために，社外取締役の報酬額は実際額よりもやや低く推計されてしまう[3]。

また，指名委員会等設置会社，監査等委員会設置会社，監査役設置会社ごとに社外取締役報酬を別々に推計して調査する必要があるが，本章の目的は社外取締役の報酬水準の主要国比較であり，厳密な実証研究を行うわけではない。よって，Aタイプ企業は「社外取締役報酬総額÷社外取締役員数」で，Bタイプ企業は「社外役員報酬総額÷社外役員数」によって各社の1人当たり報酬額を推計している。各社の値を225社で単純平均した結果が**図表1-4**である。

日経225企業の社外取締役の1人当たり報酬額は単純平均で1,237万円である。純粋に社外取締役のみで推計したAタイプ企業の平均は1,445万円であり，SpencerStuart社の調査（**図表1-1**）の11万6,000ドル，ウイリス・タワーズワトソン社の調査（**図表1-2**）の1,500万円とほぼ同額となった。

内訳を見ると，報酬の96.7％（1,196万円）が基本報酬で支払われている。ここでの基本報酬とは現金で支給される固定報酬を意味し

図表1-4　1人当たり社外取締役報酬額（日経225企業）

	社数（社）	人数（人）	報酬額（万円）	基本報酬	役員賞与	退職慰労金	その他
社内取締役	225	1,676	6,459	3,835	2,718[173]	1,402[4]	1,303[94]
社外取締役	225	1,340	1,237	1,196	243[17]	538[3]	226[7]
Aタイプ企業	95	478	1,445	1,371	477[6]	196[2]	256[6]
Bタイプ企業	130	862	1,097	1,085	115[11]	1,222[1]	50[1]

（注）表中の［　］内の値は支給されていた企業数
出所：各社の有価証券報告書より筆者作成

---

3 報酬を支給された役員には今期で退任した役員や今期からの新任役員も含まれており，こうした退任・新任者には必ずしも12ヶ月分の報酬が支給されていない。したがって「報酬額」を「支給員数」で割った場合には誤差が生じるが，これらの誤差の調整は本書では行っていない。

ている。賞与，退職慰労金，その他の株式報酬を社外取締役に支給
している企業はそもそも少なく，支給されていたとしてもその金額
は基本報酬よりも低いことがほとんどである[4]。社外取締役に株式
報酬を支給している企業は7社であり，支給金額もそれほど高くは
ない。これらのことから日本企業の社外取締役の報酬はそのほとん
どが固定給かつ現金で支給されていることがわかる[5]。

（2）日本企業全体の取締役報酬

ここまでの調査は日経225企業を対象にして行ってきた。もちろ
ん日本を代表する大企業ばかりである。ここでは参考として東証1
部・2部企業全体の社外取締役報酬を俯瞰しておく。**図表1-5**は経
済産業省「コーポレート・ガバナンス・システム（CGS）研究会」
が実施した社外取締役アンケートにもとづく，日本企業の社外取締
役の報酬額の分布である。

図表1-5　社外取締役の報酬額

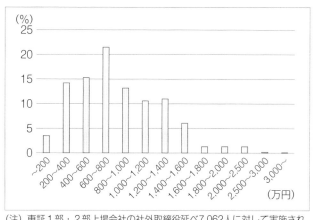

(注) 東証1部・2部上場会社の社外取締役延べ7,062人に対して実施され，
　　 1,350件（19.1％）の回答を得ている。
出所：経済産業省・CGS研究会（第2期）「社外取締役の現状について（ア
　　 ンケート調査の結果概要）」（2020年5月）より抜粋

---

4 一部企業では高額の役員賞与および退職慰労金を社外取締役にも支給している。

5 ただし，調査時点からすでに2年が経ち，この間に株式報酬の付与企業数，付与額ともに増加
　 しているというのが筆者の実感である。

図表1-5からわかるように，調査対象を東証１部・２部全体に広げると，社外取締役の報酬額でもっとも多い金額帯は600～800万円である。前項で調査した日経225企業の平均報酬額1,237万円というのはかなり高額な水準であることがわかる。つまり中小型企業を含めた平均的な上場会社の社外取締役報酬は日経225企業ほどは高くはない。元データが入手できなかったためにグラフ化はしていないが，このアンケート調査の結果概要には時価総額1,000億円以上とそれ以外の企業とに分けたグラフも掲載されており，それを見れば時価総額と社外取締役報酬額とに正の相関があることは一目瞭然である。したがって，本書での調査・提言はあくまでも日経225企業クラスの（社外取締役報酬額が高い）大企業に限定した議論であることに十分にご留意していただきたい。

（3）米国

　主要国でもっとも社外取締役報酬が高額なのが米国である（**図表1-1, 1-2**）。ただし報酬の過半が株式報酬となっており，これが報酬額を引き上げている。また，上場している米国企業のすべてで社外取締役報酬が高いのか，それとも一部の大企業（たとえばダウ30企業）だけが突出して高額であり，その他の中小型企業は低い水準にとどまっているのかどうかはこれまで必ずしも明らかにされてこなかった。こうした点を本項では深掘りする。

　米国企業の調査に際しては各社のプロクシー・ステートメント（委任状説明書）から情報を入手しており，補完的にアニュアル・リポート（年次報告書）なども参照してデータベースを独自に作成した。まずはダウ30企業の調査結果から報告する。

①ダウ30企業

　ダウ30企業の１人当たり社外取締役報酬額（2020年度）を現金報酬と株式報酬とに分けて示したものが**図表1-6**である。グラフの右端が30社の平均値である。

　ダウ30企業の１人当たり報酬額は平均で35万9,841ドルであり，日本円で約3,960万円（１ドル＝110円，以下同様）となる。日経225企業の平均が1,237万円であったので，約3.2倍の報酬となる。また，米国では社外取締役に多額の株式報酬が支給されているのが特徴であり，30社のうち28社で株式報酬が支給されている。現金報酬の平均が13万4,829ドルで総額の37.5％，株式報酬の平均が21万1,883ドルで総額の58.9％を占めている[6]。

②NYSE，NASDAQ上場会社の全体の傾向

　ダウ30企業の社外取締役報酬は他国と比べてかなり高い水準にあるが，これは米国企業全体の特徴なのであろうか。言い換えるならば，米国では中小型企業の社外取締役報酬も高額なのであろうか。

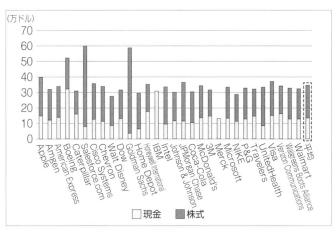

図表1-6　１人当たり社外取締役報酬（ダウ30企業）

出所：各社のプロキシー・ステートメントより筆者作成

---

6 現金報酬と株式報酬の合計が総額と異なる理由は，「その他」という報酬が支給されている企業があるためである。ただし，その他報酬の額は小さい。

この点はこれまで必ずしも明確にはされてこなかったように思われる。そこで米国の上場全社に調査対象を拡大してデータの収集を始めた。しかしながら、いざデータ収集を始めると相当な労力を要することが明らかとなってきた。報酬データ以外にも本書の他章の分析に必要なデータも収集しなければならないため、調査サンプルを縮小するという意思決定をせざるを得なかった。具体的には、ニューヨーク証券取引所（NYSE）およびNASDAQの全上場会社を時価総額順に上位から下位まで並べ、20の倍数番目の企業、つまり、時価総額順で20番目、40番目、60番目……というようにサンプルを絞り込んで調査を実施した。したがって、サンプルの数は米国上場会社の1/20にとどまるが、規模（時価総額）ではサンプルに偏りは少ない。

このサンプル絞り込みの結果、NYSE上場会社2,873社から上場ETFやREIT、資産運用会社を除いた事業会社74社を抽出し、NASDAQ上場会社2,567社の中から同様に126社を抽出した。これらのサンプル企業のプロクシー・ステートメントを調査し、我々が必要とする報酬データが入手できなかった企業などを除外し、最終的なサンプルはNYSE上場会社57社、NASDAQ上場会社90社となった。**図表1-7**が調査結果である。

社外取締役の報酬額はNYSE上場会社では24万5,645ドル、NASDAQ上場会社では21万1,171ドルであった。ダウ30企業では約

図表1-7　1人当たり社外取締役報酬（NYSE，NASDAQ）

	社数 （社）	人数 （人）	報酬額 （ドル）	現金	株式	その他
NYSE	57	446	245,645	101,536	141,879	2,230
NASDAQ	90	567	211,171	59,326	151,845	―

出所：各社のプロクシー・ステートメントより筆者作成

図表1-8　1人当たり社外取締役報酬（NYSE時価総額上位・下位）

	社数 （社）	人数 （人）	報酬額 （ドル）	現金	株式	その他
上位企業	34	288	267,000	91,920	168,598	6,482
下位企業	23	158	214,076	108,209	102,381	3,486

出所：各社のプロクシー・ステートメントより筆者作成

36万ドルであったので，その2/3ほどの金額となっている。また，日経225企業の平均（1,237万円）と比べて高い水準にあることがわかる。報酬の過半が株式報酬によって支給されていることもダウ30企業と同様である。具体的には，NYSE企業の株式報酬比率は57.8％，NASDAQ企業では71.9％に達している。NASDAQ企業は相対的に新興ベンチャーが多く，そうした企業では社外取締役報酬に占める株式報酬の割合が大きい。逆にNASDAQ企業の現金報酬は約6万ドルであり，これは日経225企業の平均的な現金報酬額（1,196万円）を下回る水準である。

　全上場会社を時価総額順に1/20に縮小したサンプルを用いることで全体の傾向の把握を試みたものの，依然としてこの縮小サンプルにも大企業が含まれているため，中小型企業のみの傾向を知ることはできない。そこでNYSEサンプル57社を時価総額の平均値を基準に上位企業（34社）と下位企業（23社）に分割して再集計した。その結果が**図表1-8**である。

　図表1-8からわかるように，NYSEでは時価総額上位企業の平均報酬額は26万7,000ドル，下位企業では21万4,076ドルであり，その差は約5万ドルである[7]。この差を大きいと見るか小さいと見るかは論者によって意見が分かれるであろうが，日本企業における大型企業（日経225企業）と中小型企業とでの社外取締役報酬の差と比べると，米国企業ではその差は相対的に小さいように思われる。換言するならば，米国では中小型企業でも社外取締役に高い報酬を支給していると言えよう。

（4）他の主要国

　これまで米国企業について見てきたが，すでに何度も指摘してい

---

[7] NASDAQ上場会社90社についても時価総額の上位企業（48社）と下位企業（42社）とに分けて同様に集計した。1人当たり平均報酬額は上位企業で21万6,212ドル，下位企業で12万9,059ドルであった。

るように米国の社外取締役報酬額は他国を引き離している。米国以外の主要国ではどのような状況であろうか。前述したように本書の調査対象はイギリス，ドイツ，フランス，シンガポールの上場会社である。なお，調査したのは2020年末時点の各国の時価総額上位10社である[8]。当初はダウ30企業のように各国のインデックス採用銘柄を調査しようとしていたが，各国ごとに開示媒体も開示方法も異なり，我々の能力では調査困難であることが早い段階で明らかとなってしまった。時価総額上位10社という限定サンプルであり，その結果にはおのずとバイアスが含まれることはお許しいただきたい。

図表1-9が主要国の社外取締役報酬の概要である。

イギリスは3,085万円，ドイツは2,710万円，フランスは1,202万円，シンガポールが2,179万円である。**図表1-1，1-2**で示した各国の報酬額と比べると高い水準にあるが，これは本項での調査が時価総額上位10社に限定されているために高額となっていると考えられる。

図表1-9　1人当たり社外取締役報酬（時価総額上位10社）

	人数	平均報酬額（万円）
イギリス	106	3,085
ドイツ	105	2,710
フランス	76	1,202
シンガポール	69	2,179
日本	64	1,971

（注）2020年末の為替レートで日本円に換算している。取締役ごとに個別報酬が開示されている国・企業ではその値を使い，全員の報酬総額しか入手できない場合には各社ごとに報酬総額を社外取締役人数で除して平均額を計算し，それを社数で平均している。
出所：各社の開示資料より筆者作成

[8] イギリス企業（Royal Dutch Shell, Unilever, HSBC, AstraZeneca, BP, GlaxoSmithKline, BHP, British American Tobacco, Diageo, Rio Tinto），フランス企業（LVMH, ロレアル，エルメス，クリスチャン・ディオール，サノフィ，トタルエナジーズ，ケリング，エアバス，シュナイダー・エレクトリック，エア・リキード），ドイツ企業（SAP，リンデ，フォルクスワーゲン，シーメンス，ドイツ・テレコム，アリアンツ，ダイムラー，メルク，ドイチェ・ポスト，アディダス），シンガポール企業（DBSグループ，オーバーシー・チャイニーズ・バンキング，ユナイテッド・オーバーシーズ・バンク，シンガポール・テレコミュニケーションズ，ウィルマー・インターナショナル，キャピタランド，タイ・ビバレッジ，IHHヘルスケア，シンガポール・エアラインズ，シンガポール・テクノロジーズ・エンジニアリング）。

日本企業も時価総額上位10社[9]に限定して再計算しているが，１人
当たりで1,971万円となっている。日本企業10社のうち４社は社外
監査役も含めた「社外役員」の報酬総額を開示しているため，社外
取締役に限定すれば金額がもう少し高くなると思われる。このこと
を勘案すると，日本の時価総額上位10社の社外取締役報酬は，米国
を除いた主要国の中ではイギリスとドイツと比べると低いが，フラ
ンスよりも高額であり，シンガポールとほぼ同水準である。これは
図表1-1，1-2で示した調査結果と整合的である。

3．CEOと社外取締役のペイ・レシオ

　ここまでの調査から，米国企業の社外取締役報酬が主要国の中で
もっとも高い水準にあることがわかった。ただし，さまざまな調査
からCEO報酬でも米国は他国を引き離していることが報告されて
いる[10]。つまり，米国では社内外を問わず，取締役報酬が高い水準
にあると言えよう。では米国におけるCEOと社外取締役とのペイ・
レシオ（報酬差）はどの程度であろうか。

　米国では証券取引委員会（SEC）が定めるRegulation S-Kの項目
402(a)(3)の規定によりCEO，CFOおよびそれ以外の報酬額上位３名
の計５名の報酬が個別開示されているため，CEOの個別報酬を把
握することができる[11]。ダウ30企業においてCEO報酬額を収集し
たところ平均で2,360万8,315ドルであり，日本円で約26億円である。
図表1-6で示したようにダウ30企業の社外取締役報酬の平均は35万
9,841ドルであるので，CEO報酬と社外取締役報酬のペイ・レシオ
は約65.6倍となる。

---

9 トヨタ自動車，ソニー，日本電信電話，ソフトバンクグループ，リクルートHD，三菱UFJ
　フィナンシャル・グループ，ファーストリテイリング，KDDI，ダイキン工業，信越化学工
　業（日経225銘柄ではないキーエンスを除く）。

10 図表1-2で引用したウイリス・タワーズワトソンの調査では，米国のCEO報酬（中央値）
　15.3億円に対し，2位のドイツが6.7億円，3位のイギリスが5.6億円となっている。

11 Regulation S-Kの中ではPrincipal Executive Officer（PEO），Principal Financial
　Officer（PFO）と記載されているが，本書では一般的に用いられているCEO，CFOという
　呼称を使用している。

同様にイギリス，ドイツ，フランス，シンガポール，日本の時価総額上位10社のペイ・レシオを計算したのが**図表1-10**である。

　日本では役員報酬の個別開示が求められているのは1億円以上の報酬を得ている役員のみであり，時価総額上位10社のうち経営トップ[12]の報酬額が個別開示されていたのは8社であったため，**図表1-10**ではこの8社のみでCEO報酬額を計算している。ペイ・レシオが高いほどCEOと社外取締役の報酬額とに開きがあり，ペイ・レシオが低いほど両者の報酬額に差がないことを意味する。日本企業のペイ・レシオは21.6倍であり主要国の中ではもっとも小さい。つまり，CEOとの報酬の開きという点では日本企業は差が小さいと言える。CEOの報酬水準が各国で異なり，そもそもの給与体系や税制，さらには物価水準や福利厚生制度なども各国さまざまであり，加えて時価総額上位10社のみという限られたサンプルであることを一切捨象し，経営トップとの報酬差であるペイ・レシオという1つの指標に限定してやや乱暴に結論するならば，ペイ・レシオがもっとも小さい日本企業は主要国の中で相対的に社外取締役の報酬がもっとも高いと言えるであろう。

図表1-10　主要国のペイ・レシオ（時価総額上位10社）

	CEO報酬 （A）	社外取締役報酬 （B）	ペイ・レシオ （A/B）
イギリス	86,606万円	3,085万円	28.1倍
ドイツ	93,833	2,710	34.6
フランス	67,995	1,202	56.6
シンガポール	56,734	2,179	26.0
日本（8社）	42,631	1,971	21.6

出所：各社の開示資料より筆者作成

---

12 代表取締役のうち報酬額がもっとも高い人物。

4. 報酬高額化の背景

　本章の目的は，社外取締役の報酬額の実態を明らかにすることであった。米国は他国を引き離す水準にあるが，その他の主要国に限定して比較すると日本企業の報酬額は低い水準にあるわけではないことが浮き彫りとなった。CEOとのペイ・レシオを尺度とすれば，他国と比べて日本企業の社外取締役の報酬が相対的に高い水準にあるという見方もできなくはない。ではなぜ日本企業の社外取締役の報酬がそれなりの高額となっているのか。まず考えられるのは，社外取締役の責務が重く，取締役会や各種委員会への参加などの負担が大きいからである[13]。これについては，社外取締役の報酬がどのような活動の対価として支払われているかを次章で調査する。

　本章では報酬が「いくら」支払われているかという視点から調査したが，「何に」支払われているか，つまりどのような活動の対価として支払われているのかについては触れていない。日本では取締役（会）の活動に関する情報開示はいまだ限られており，社外取締役の実際の職務の量や質を定量化し，それが報酬に見合っているかどうかを評価することはおそらく不可能である。こうした限界はあるものの，各国企業の社外取締役の活動に関する開示情報を丹念に調べていくことで，日本企業の社外取締役の活動の水準を相対化することができるかもしれない。活動の水準を相対化することができるのであれば，本章で報告した報酬の水準とのバランスを可視化することができよう。社外取締役としての活動内容とその対価である報酬とのバランスを考えることで，今後，日本で社外取締役に期待すべき活動の中身や対価とのバランス，さらには社外取締役の実効性を高めるための施策の提言へとつなげることができるかもしれない。

---

13 その他の理由として，2015年のコーポレートガバナンス・コードの導入などを契機とした社外取締役争奪戦により報酬が高騰したこと，さらには日本の大企業が社外取締役に「格」を求めているために著名人が高額で招聘されていることなどが挙げられよう。これについては第6章で私見を述べたいと思う。

これが本書が目指すゴールである。

第2章

社外取締役の活動とその対価

報酬	＝	責務	✕	能力
1・2章		3・4章		5・6章

1. 社外取締役をめぐる新たな問題

（1）社外取締役の活動と対価

　本章では社外取締役の活動とその対価に焦点を当てる。まずは日本での社外取締役の選任状況を確認しておきたい。**図表2-1**は東証１部企業のうち，社外取締役を３人以上選任している企業の割合と，取締役会に占める社外取締役の比率が1/3以上の企業の割合を示したものである。

　東証１部企業の取締役数は約９名で推移[14]しており社外取締役３人÷1/3となるため，社外取締役３人以上と1/3以上のグラフはほぼ同一となる。2021年６月に再改訂されたコーポレートガバナンス・コードでは，プライム市場の上場会社に対して，取締役の３分の１以上の独立社外取締役の選任を求めている（原則4-8）。この原則に従って（コンプライして）独立社外取締役を増員する企業ももちろんあるであろうが，日本企業において，まずは社外取締役の「人数

図表2-1　社外取締役の比率の推移

出所：日本取締役協会「上場企業のコーポレート・ガバナンス調査」
　　　（2022年８月）より筆者作成

---

14 東京証券取引所「コーポレート・ガバナンス白書2021」によれば，東証１部企業の取締役人数は8.61人（2014年），9.29人（2016年），9.17人（2018年），8.94人（2020年）となっている。

を確保する」というステージは一段落したと考えてよいであろう。今後は，社外取締役にどのような役割を求め，それに対してどのような対価を支払うのか，そうした議論へと移ってくると思われる。

　生命保険協会が毎年実施している「企業価値向上に向けた取り組みに関するアンケート」(2021年度版）によれば，機関投資家が「社外取締役に期待している役割の中で特に重要だと感じるもの」として「経営戦略・重要案件等に対する意思決定を通じた監督」(72.6%)に続いて「経営陣の評価（選解任・報酬）への関与・助言」(62.1%)を挙げている[15]。コーポレートガバナンス・コードにおいても指名・報酬への社外取締役の関与・助言をより一層に高めるよう再改訂がなされている（補充原則4-10①)。社外取締役に求める役割は企業ごとに違うであろうが，指名・報酬への関与・助言はその役割のうちの主なものの１つであると考えてよいであろう。

　もちろん，こうした役割には対価が支払われる。各国の情報開示を俯瞰すると，指名・報酬活動への対価だけでなく，取締役会議長としての活動への対価，筆頭社外取締役としての活動への対価なども開示されており，発揮してもらいたい役割への期待が対価というスクリーンを通じて可視化されている。前章では日本の大企業の社外取締役報酬の高額化を指摘したが，それとともに議長，指名・報酬委員会，筆頭社外取締役としての活動が活発化しているのであろうか。換言すれば，議長や指名・報酬活動が活発化していることによって報酬が高額化してきているのであろうか。この問いに答えることが本章の目的である。

(2) 社外取締役の委員就任の状況

　東京証券取引所は隔年でコーポレート・ガバナンス白書を公表し

---

15 企業側の回答では「経営戦略・重要案件等に対する意思決定を通じた監督」(78.1%)，「経営執行に対する助言」(72.4%)に次いで，「経営陣の評価（選解任・報酬）への関与・助言」は42.4%にとどまっている。

ており，**図表2-2**は2021年版での指名・報酬委員会の設置状況を示している（東証１部企業）。任意で設置しているものも含めると，指名委員会の設置率は58.0%，報酬委員会は61.0%となっている。裏を返せば，東証１部企業であっても約４割の企業では指名・報酬委員会は設置されていない。

　図表では示していないが，同白書によれば，社外取締役が取締役会議長に就いている企業も東証１部企業の2.2%にとどまっている。つまり，日本企業においては取締役会議長や委員会の委員長・メンバーとしての活動への対価によって社外取締役の報酬が高まっている企業はそれほど多いわけではなさそうである。日本企業の社外取締役の報酬水準が低くないことは前章で明らかにしたが，議長や委員会メンバーといった責務を負わない中で報酬が高いとなれば，言葉は不適切かもしれないが，もはやそれは"厚遇"となってしまう可能性がある。

　金融庁「スチュワードシップ・コード及びコーポレートガバナンス・コードのフォローアップ会議」のメンバーでもある武井一浩弁護士は独立役員の定義について「要はモノを申してクビになっても大丈夫な人」とかみ砕いて説明している（武井［2013］，14頁）。筆者はこの定義に賛同する。高額報酬に惹かれ，クビになるかもしれないようなモノを申すことを避けて，来期以降の再任を目指すというインセンティブが生まれてしまえば，それは役員としての独立性を失わせるというコーポレート・ガバナンス上の決して小さくはな

図表2-2　指名・報酬委員会の設置状況

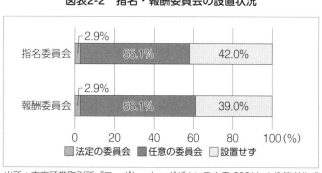

出所：東京証券取引所『コーポレート・ガバナンス白書 2021』より筆者作成

い問題を惹起することとなろう。第6章で述べるが，日本では現役を引退した高齢の社外取締役が諸外国と比べて多く，現役引退者にとっては高額報酬のインセンティブはより強く生じるかもしれない。

　日本企業における社外取締役の選任数が増える中で，彼ら彼女らに何を期待し，それに対してどのような対価を支払うのか，日本企業はこの新たな問いに答えを出さなければならなくなっている。各国の情報開示を俯瞰すると，指名・報酬活動への対価だけでなく，取締役会議長としての活動への対価，筆頭社外取締役としての活動への対価なども開示されている。諸外国においてこのような役職に対してどの程度の対価が支給されているかを明らかにすることで，日本企業が直面しているこの新たな課題への基礎データを提供することができるであろう。

2. 調査方法と筆頭社外取締役

(1) 各国の開示例

　まずは各国企業の開示例を見ていただいた方がよいであろう。以下で示したのは各社のプロキシー・ステートメントまたはアニュアル・リポートの記載内容（2021年）の抜粋である。実際にはさらに詳細に記載されているのだが，まずは諸外国でどのように開示されているか，さらには役職手当のおおよその金額をつかんでいただきたい。

Apple（米国）

> 当社の非従業員取締役は年間10万ドルの基本報酬を現金で受け取っている。2021年はこれに加え，議長は追加的に20万ドル，監査委員長は3万5,000ドル，報酬委員長は3万ドル，指名委員長は2万5,000ドルをそれぞれ受け取っている。

Royal Dutch Shell（イギリス）

取締役会議長		€785,000
非執行取締役		120,000
筆頭独立取締役		49,000
監査委員会	委員長	53,000
	メンバー	22,000
指名・サクセッション委員会	委員長	22,000
	メンバー	11,000
報酬委員会	委員長	36,000
	メンバー	15,000

SAP（ドイツ）

スーパーバイザリー・ボードのメンバーは年間16万5,000ユーロの基本報酬を受け取っている。これに加え，議長は27万5,000ユーロ，副議長は22万ユーロを受け取っている。また，監査・コンプライアンス委員会のメンバーは１万6,500ユーロ，他の委員会のメンバーは１万1,000ユーロを受け取っている。監査・コンプライアンス委員会の委員長の追加手当は２万7,500ユーロ，他の委員会の委員長の追加手当は２万2,000ユーロである。

エアバス（フランス）

【非執行取締役の報酬】
a）取締役報酬
　固定報酬（年額）
　　―議長：21万ユーロ
　　―取締役：８万ユーロ
　出席に対する報酬（取締役会１回当たり。ただし，オンライン参加の場合は半額）
　　―議長：１万5,000ユーロ
　　―取締役：１万ユーロ
b）委員会報酬
　固定報酬（年額）
　　―委員長：３万ユーロ
　　―メンバー：２万ユーロ
　出席に対する報酬（委員会１回当たり。ただし，オンライン参加の場合は半額）
　　―委員長・メンバー：3,000ユーロ

このように各社の開示方法および開示項目は異なっており，これらのデータを手作業で収集していくこととなる。調査した企業は第1章と同様である。つまり，米国はダウ30企業およびNYSE，NASDAQから抽出したサンプル企業（全体を1/20に圧縮）である。その他の主要国は時価総額上位10社である。なお，個別の役職手当の情報が見つからなかった企業は調査の対象外としているため，各国で最終的なサンプル数は異なっている。

（2）調査方法

　調査にあたっては，まずは社外取締役が就いている役職のデータベースを作成する必要がある。社外取締役の役職データベースを作成した後，取締役会議長，監査・指名・報酬の各委員会の委員長の役職手当をデータベース化する。社外取締役が受け取っている報酬額のデータベースはすでに第1章の調査で作成しているため，個人別の報酬総額から各役職手当を控除し，それを社外取締役の人数で割ることによって，役職手当を控除した後の1人当たり基礎報酬額を推計する。なお，この基礎報酬額は基本報酬（固定報酬）とは異なる。つまり，米国企業では株式報酬が支給されており，上記のエアバス社の例のように，取締役会への出席手当なども実際には支給されているため，報酬総額＝基本報酬＋役職手当＋その他の報酬（株式報酬や出席手当など）となる。本章ではこの「基本報酬＋その他の報酬」部分を基礎報酬額としており，この基礎報酬額に対して役職手当が何％ほど支給されているかを調査した。

　ただし，1人の社外取締役が複数の委員会メンバーであることが往々にしてある。たとえば取締役A氏が監査委員会の委員長だったとして，同時に報酬委員会の委員（委員長ではない）だった場合，

監査委員会の委員長の手当は報酬総額から控除しているが，報酬委員会の委員としての手当は基礎報酬額に含まれて推計される。これらを詳細に場合分けして調整を加えるとあまりに複雑となってしまうため，議長・各委員長・筆頭社外取締役の手当以外は我々の調査では調整していない。また，企業によっては監査・指名・報酬委員会が複数の役割を担っている場合（「監査・リスク委員会」など）があるが，そうした場合も「監査委員会」「指名委員会」「報酬委員会」として集計している。これは我々の調査の限界であるが，あまりに複雑な調整はかえって説明力を落とすと考え，何度かの試行のうえでこのような推計方法を採用することとした。

なお，筆頭社外取締役についてはその役目について事前に説明が必要であると思われるので，次項にて別立てで説明する。

（3）筆頭社外取締役の役割

コーポレートガバナンス・コードの補充原則4-8②で言及されている「筆頭独立社外取締役」と呼ばれる役職は，米国ではLead Independent Director，イギリスではSenior Independent Directorと呼ばれており，決まった英語呼称があるわけではないようである。その役割についてはLegal & GeneralとThe Zygos Partnershipの共同レポート "The role of the Senior Independent Director - When it matters（and what to do）" が詳しく，本項はこのレポートの要約である。なお，このレポートの前提としてCEOと取締役会議長が分離しており，かつ，議長は社外取締役が務めている点に留意していただきたい。

筆頭社外取締役の役割は平時と有事とに分かれ，平時での主な役割は以下の3つである。

- 取締役会の相談役・仲介役
- 議長（社外取締役）の評価とサクセッション
- 投資家の意見の聴取

とりわけ，議長を除いた社外取締役会議でのリーダーの役割が求められている。次に有事において積極的な役割が求められるが，ここでの有事とは以下のような状況を指す。

- CEOと議長とが意見対立しているとき
- CEOや議長が表明していない懸念事項を株主や社外取締役が指摘しているとき
- CEOや議長が主導する戦略を取締役会が支持していないとき
- サクセッションプランが無視されているとき

平時・有事のどちらにおいても，投資家との橋渡し役というよりも社外取締役の取りまとめとCEOとの橋渡しの役目が中心となっている。ただし，社長と議長とが分離していない日本企業においては，投資家との橋渡し役の重要性が相対的に高まると筆者（円谷）は考えている。

このレポートはイギリス企業での筆頭社外取締役の導入状況も報告しており，それによるとFTSE350採用企業のうち308社で筆頭社外取締役または筆頭社外取締役兼取締役会副議長が置かれているという。中小型企業では筆頭社外取締役が監査または報酬委員会の委員長を兼ねていることが多いが，大型企業では別々の社外取締役が就いていることが多いという。なお，筆頭社外取締役の役目の１つはサクセッションプランの実効性のチェックなので，指名委員会の委員長との兼務はないという。また，筆頭社外取締役を指名するのは指名委員会となる。以上がこのレポートの要旨である。

日本では筆頭社外取締役を設置しているかどうかの開示は現時点では求められていないが，設置状況に関する東証１・２部企業のア

ンケート調査の結果は**図表2-3**のようになっている。

　図表2-3にあるように約20％の企業が筆頭社外取締役を置いている。しかしながら，その取締役氏名を外部に公表している企業は20％を下回るというのが筆者の肌感覚である[16]。

　ここまで筆頭社外取締役についてLegal ＆ GeneralとThe Zygos Partnershipの共同レポートにもとづいて説明をしてきた。以降では本章の調査結果を報告する。

図表2-3　筆頭社外取締役（類似者）の設置状況

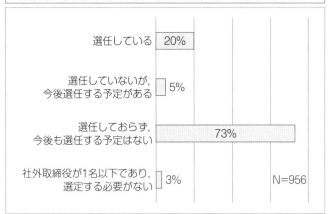

社外取締役のリーダー的な存在として経営陣との調整や社外取締役間の連携の役割を担う独立社外取締役（例：筆頭社外取締役）を選任しているか。

- 選任している　20％
- 選任していないが，今後選任する予定がある　5％
- 選任しておらず，今後も選任する予定はない　73％
- 社外取締役が1名以下であり，選定する必要がない　3％

N=956

出所：PwCあらた有限責任監査法人「令和2年度 産業経済研究委託事業 日本企業のコーポレートガバナンスに関する実態調査 報告書」（2021年3月）より抜粋

---

16 筆者はスチュワードシップ・コード及びコーポレートガバナンス・コードのフォローアップ会議のメンバーとして，2021年6月のコード再改訂の中に筆頭社外取締役の氏名の開示を盛り込むように提言したが，残念ながら見送られることとなった。今後，企業側の自発的な開示が増えることを祈るばかりである。

3. 取締役会議長の手当

　まずは各国別に取締役会の議長の手当について報告する（**図表2-4**）。なお，取締役会議長が社外取締役ではない企業やデータが入手できなかった企業は集計から除外している。各国通貨は2020年12月末のレートで米ドルに換算している（以下同様）。

　イギリス，ドイツ，シンガポールでは基礎報酬と同額以上，場合によっては数倍の手当を支給していることが見て取れる[17]。一方で米国企業の加算率は相対的に低く，ダウ30企業では基礎報酬の約80％であり，NYSE，NASDAQ全体で見ると25〜60％程度にとどまっている。ただし，これは米国企業が社外取締役に多額の株式報酬を付与しているためであり，現金報酬のみで計算した場合には加算率は上昇する[18]。

図表2-4　取締役会議長の手当

		調査社数	基礎報酬[A]	議長手当[B]	加算率[B/A]
米国	ダウ30	6	$316,725	$251,667	79.5%
	NYSE	31	$227,794	$133,307	58.5%
	NASDAQ	57	$206,898	$51,208	24.8%
イギリス		8	$147,255	$1,091,616	741.3%
ドイツ		8	$222,832	$366,847	164.6%
フランス		2	—	$213,728	—
シンガポール		5	$145,670	$536,760	368.5%

出所：各社の開示資料より筆者作成

---

17 フランスはエルメスとエアバスの2社が議長手当を開示していたものの，両社ともに委員会の委員長手当などの情報が不足していたために比率を算出できなかった。図表2-5，2-6についても同様の理由で一部データに欠損がある。

18 主要国の議長手当についてウイリス・タワーズワトソン「日米欧CEOおよび社外取締役報酬比較（2021年調査）」のデータをもとに筆者が独自に試算したところ，加算率は米国で166.3％，イギリスで514.9％，ドイツで224.4％，フランスで616.0％となっており，欧州企業で手厚く支給されている。このことは図表2-4と整合的である。

4. 各委員会の委員長の手当

　続いて委員会の委員長の手当を示したのが**図表2-5**である。

　図表2-5からは２つの特徴が見て取れる。まず，取締役会議長手当と同様に，米国企業は欧州・シンガポール企業と比べて基礎報酬に対する手当の加算率が低い。米国企業の基礎報酬の約半分は株式報酬で支給されていることを勘案したとしても，欧州・シンガポール企業と比べて委員長の役職手当は相対的に低いと言ってよいであろう。

　あくまで推測の域を出ないが，米国で社外取締役に期待されていることは取締会での活動を通じた株主価値の向上であり，一方の欧州・シンガポール企業では取締役会での活動それ自体を重視していることが，議長や委員会の手当が異なることの背景にあるのかもしれない。したがって，米国企業は株式報酬が多い一方で役職手当が相対的に少なく，欧州・シンガポール企業では役職に対して手厚く支給しているのかもしれない。

　もう１つの特徴は，３つの委員会の中では監査委員長の手当が相対的に高いことである。これは米国を含めて各国に共通する傾向である。米国企業の社外取締役報酬について考察している野地［2021］は「監査委員会の委員や委員長はSOX法により義務が拡大されたため，他の委員会に比較して，より高額の報酬が支給される要因となった」（26頁）と述べているが，他の主要国でも同様のようである。

図表2-5 委員会の委員長の手当

監査委員長

		調査社数	基礎報酬[A]	委員長手当[B]	加算率[B/A]
米国	ダウ30	30	$348,332	$28,000	8.0%
	NYSE	57	$227,794	$22,714	10.0%
	NASDAQ	76	$206,898	$18,531	9.0%
イギリス		10	$147,255	$63,502	43.1%
ドイツ		6	$222,832	$134,604	60.4%
フランス		7	—	$27,392	—
シンガポール		9	$156,311	$58,182	37.2%

指名委員長

		調査社数	基礎報酬[A]	委員長手当[B]	加算率[B/A]
米国	ダウ30	30	$348,332	$19,667	5.6%
	NYSE	57	$227,794	$12,671	5.6%
	NASDAQ	70	$206,898	$10,662	5.2%
イギリス		3	$147,255	$44,062	29.9%
ドイツ		5	$222,832	$42,940	19.3%
フランス		5	—	$23,083	—
シンガポール		30	$348,332	$19,667	23.3%

報酬委員長

		調査社数	基礎報酬[A]	委員長手当[B]	加算率[B/A]
米国	ダウ30	30	$348,332	$21,333	6.1%
	NYSE	57	$227,794	$15,767	6.9%
	NASDAQ	75	$206,898	$13,091	6.3%
イギリス		8	$147,255	$47,711	32.4%
ドイツ		4	$222,832	$67,782	30.4%
フランス		6	—	$22,543	—
シンガポール		9	$156,311	$40,357	25.8%

出所：各社の開示資料より筆者作成

5. 筆頭社外取締役の手当

　最後に筆頭社外取締役である（**図表2-6**）。筆頭社外取締役の手当は監査委員会の委員長よりも少し高いものの，取締役会議長と比べると低い金額にとどまっている。委員会の委員長と同様に，米国企業よりもその他の国の企業の方が手厚い傾向がある。

　日本企業ではそもそも筆頭社外取締役が置かれているのか，誰がその任に就いているのかを知りたければ企業の自発開示に任せるほかはない。筆者がIR担当者や社外取締役に私的に質問をすると「筆頭社外取締役はいるが誰がやっているかは開示していない」「毎年持ち回りで各社外取締役が就いている」といった回答も聞かれ，日本企業での実態についてはそもそも手当が支給されているかも含めてよくわからない。

図表2-6　筆頭社外取締役の手当

		調査社数	基礎報酬[A]	筆頭者手当[B]	加算率[B/A]
米国	ダウ30	24	$339,635	$46,458	13.7%
	NYSE	22	$227,794	$34,659	15.2%
	NASDAQ	25	$206,898	$32,750	15.8%
イギリス		10	$147,255	$88,400	60.0%
ドイツ		—	—	—	—
フランス		1	—	$24,426	—
シンガポール		2	$126,959	$35,910	28.3%

出所：各社の開示資料より筆者作成

6. 社外取締役の報酬はどうあるべきか

　社外取締役の役職手当について筆者がIR担当者や社外取締役本人に私的に質問すると「ある」という場合と「ない」という場合とがあり，IR担当者に聞いた場合には「知らない」ということも多い。そもそも社外取締役の報酬についても年齢に関係なく全員一律という回答もあれば，就任後の年数によって変わるといった回答も聞かれ，各社各様のようである。経済産業省「社外取締役の在り方に関する実務指針（社外取締役ガイドライン）」(2020年7月) や同「「攻めの経営」を促す役員報酬～企業の持続的成長のためのインセンティブプラン導入の手引」(2021年6月)，日本取締役協会「独立社外取締役の行動ガイドラインレポート2～「稼ぐ力」の再興に向けて」(2020年6月) にも社外取締役の報酬はどうあるべきかについては何も記載されていない。他方で日本企業の社外取締役は増員傾向が続いており，報酬に関する議論を避けては通れない。

　本章では，限られたサンプルではあるものの諸外国の社外取締役の手当について調査した。まず，取締役会議長の手当は各国ともに高額であり，委員会の委員長では監査委員長の手当が相対的に高い。また，米国よりも欧州・シンガポール企業の方が議長や委員長への手当が厚いこともわかってきた。あくまで推測の域を出ないが，米国では取締役会での活動を通じた株主価値の向上を社外取締役に求めており，その他の主要国では取締役会での活動そのものを重視した報酬体系を採用しているのかもしれない。

　ただし，日本企業においても主要国と同様の役職手当を社外取締役に支給すべきかどうかについては慎重な議論が必要である。なぜなら，議長，委員会の委員長，筆頭社外取締役としての活動が主要

国と同じような水準でなされているのかどうかがわからないからである。換言するならば，もしこれらの役職の活動の水準が低いにもかかわらず，手当については諸外国並みに支給するのであれば，これもまた活動内容と報酬とのバランスを崩すことにつながってしまう。では，日本企業の社外取締役のこれらの活動への関与の実態はどうなっているのであろうか。次章からは指名委員会（第3章）と報酬委員会（第4章）に焦点を当て，日本企業と諸外国とにおける活動内容の比較を行う。

第**3**章

指名委員会の開示の
主要国比較

1. 指名・報酬委員会に関する開示

　第3章および第4章では指名・報酬委員会に焦点を当て，日米企業の比較を中心に主要国の開示実態について報告する。各国でのコーポレート・ガバナンスに関する情報開示を一言で表すならば，米国では法令等による制度開示であり，日本などではコンプライ・オア・エクスプレインの原則が採用されているコーポレートガバナンス・コードが中心的な役割を果たしている。また，任意開示である統合報告書やアニュアル・リポートでの開示に力を入れている企業もあり，各国各社の横比較が困難である。後ほど第5節で述べるが，各国のコーポレートガバナンス・コードの内容にもかなりの違いがあり，そもそもドイツのように会社の機関構造が異なる国もある。したがって，委員会の活動・開示を単に各国比較することは，そもそも意義が乏しいのかもしれない。

　そうしたことを十分に認識したうえで，あえて本書では委員会の活動の開示の比較を試みている。前章で指摘したように，日本企業での社外取締役の実効性を高めるためには，各社が考える社外取締役に求められる役割とそれへの対価の透明性を高める必要がある。そのためには，まずは各国の社外取締役がどのような活動を行っているかを確認し，その役割に対してどのような対価を受け取っているかを明らかにしておくことは有益であろう。

　日本でも法定・任意を含めて指名委員会，報酬委員会ともに約6割の企業が設置している（**図表2-2**）。今後，委員会の委員長・メンバーにどのような役割を期待し，それに対してどのような対価を支払い，どのように開示していくかについての議論が熱を帯びてくるであろう。本章ではまず指名委員会に焦点を当て，日本企業と比

べて委員会運営の歴史が長い米国企業と比較する。続く第4章では
報酬委員会について同様の調査を実施する。

2. 調査対象と調査方法

　本章の調査サンプルおよび調査資料はこれまでの章と同一である。
米国企業はダウ30銘柄企業およびNYSE・NASDAQ全上場会社を
時価総額順に1/20に圧縮し，かつデータが入手できたNYSE上場会
社65社，NASDAQ上場会社106社（ともに投資信託，REIT等を除
く）が調査対象である。調査する開示資料はプロクシー・ステート
メントとなる。日本企業は日経225銘柄企業のコーポレートガバナ
ンスに関する報告書（以下，ガバナンス報告書）および統合報告書
を調査対象とした。ガバナンス報告書（監査役設置会社の場合）で
は指名委員会と報酬委員会に相当する任意の委員会の設置の有無の
ほかに，委員構成，委員長の属性といった基本情報が東京証券取引
所が作成したひな型に沿って開示されているが，具体的な活動内容
などは企業ごとの自由記述形式となっている。よってガバナンス報
告書で詳細に記載している企業もあれば，統合報告書の中で詳しく
開示している企業もあるため，この2つの資料を横断的に調査した
うえで記載の有無をデータベース化していった[19]。

　まずは日米企業の開示資料に記載されている指名・報酬委員会に
関する項目，記載内容，分量等を丹念にデータベース化していった。
文章の主語が「当社は……」といったように企業になっているか，
または，「当委員会は……」といったように委員会が主語になって
いるかといった細部まで調査している。さらに，記載内容が当該企
業の実態に合わせて丁寧に詳細に記載されているか，またはボイラ

---

19 統合報告書について未作成の企業はガバナンス報告書のみを調査した。

ープレート（紋切り型）の定型文かといった分類も行った。この分類は多分に恣意性の入りやすいものなので，調査したメンバー間で判断基準のすり合わせを随時行いながら進めていった。

　日本企業225社については任意で指名・報酬委員会を設置する企業（以下，任意設置会社）186社と指名委員会等設置会社（以下，法定設置会社）33社に分けて調査を行っており，指名・報酬委員会のいずれも設置していない6社は調査対象から除外している。なお，日本企業についてはNYSEに上場している7社と上場していない212社に分けて比較する調査も行ったが，結果に違いは見られなかった。

3. 調査結果

　調査の結果，以下の7つの項目は日米企業の多くで開示されている項目であり，これらの項目を指名委員会に関する開示の軸と考えてとりわけ入念にデータベース化した。

- 委員会メンバーと委員会開催回数
- 委員会（または委員長）からのメッセージ
- 取締役の指名基準
- サクセッションプラン（後継者育成計画）
- 委員会の活動内容
- 取締役の指名プロセスへの関与
- 取締役会評価

　ただし，調査を進めていく段階でNYSE，NASDAQ企業ともに時価総額と情報開示水準に正の相関があることがわかってきた。つ

まり，大企業では開示水準が高いが，中小型企業になるに従って開示水準が低下する傾向が見て取れた。そこでNYSE，NASDAQ企業については時価総額の平均値を基準にして時価総額上位企業と下位企業とにサンプルを分割して集計した。以下の各図表の中ではNYSE，NASDAQ企業を上位企業と下位企業に分けて表示している。

①委員会メンバーと委員会開催回数

　図表3-1は指名委員会の構成メンバーと委員会開催回数の開示状況を示したものである。指名委員会のメンバーについてはほとんどの企業で開示されている。米国企業を見ると，大企業と比べて中小型企業では開示率が低い傾向がある。NYSEと比べてNASDAQ企業はより時価総額の小さい企業が集まっているため，NASDAQの下位企業群はもっとも時価総額の小さいグループとなるが，メンバー・開催回数ともに米国企業の中では開示率がもっとも低いことがわかる。日本企業では法定設置会社よりも任意設置会社で開示率が低い。ただし，本章では米国企業はプロクシー・ステートメントを，日本企業は統合報告書とガバナンス報告書を調査対象としているため，アニュアル・リポート（米国企業）や招集通知（日本企業）に情報が記載されている場合には集計から漏れてしまっている。したがって，それらも調査すれば開示率はより高まると考えられる。

図表3-1　指名委員会のメンバーと委員会開催回数の開示率

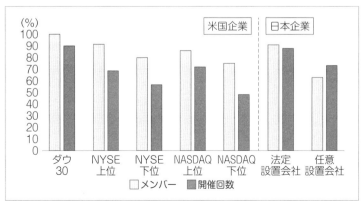

出所：筆者作成

②メッセージ，指名基準，サクセッションプラン

指名委員会（または委員長）からのメッセージの有無，取締役指名基準の開示の有無，サクセッションプランの開示の有無について調査した結果が**図表3-2**である。これらの開示の有無の判定に際しては，"criteria" というワードを含む項目があるか，"succession planning" や「後継者育成計画」という用語を含む項目が独立して立てられているかどうかという点を判断基準とした。なお，ここでの調査は項目の「有無」のみであり，内容が詳細かどうかは判断していない。

指名委員会(長)からのメッセージについては日米企業とも開示企業は少ないものの，日本の法定設置会社の場合には開示率が高い。取締役の指名基準は，米国企業では "board membership criteria" といった項目名で多くの企業で記載されている。日本企業ではガバナンス報告書や統合報告書の中で「指名の基準」や「指名の方針」といった項目を立てて記載している企業は相対的に少ない。サクセッションプランについても日米企業で開示されているものの，米国企業では時価総額との相関が強く，NASDAQの下位企業では "succession planning" という項目を独立させて記載している企業はゼロであった。

図表3-2　メッセージ，指名基準，サクセッションプランの開示率

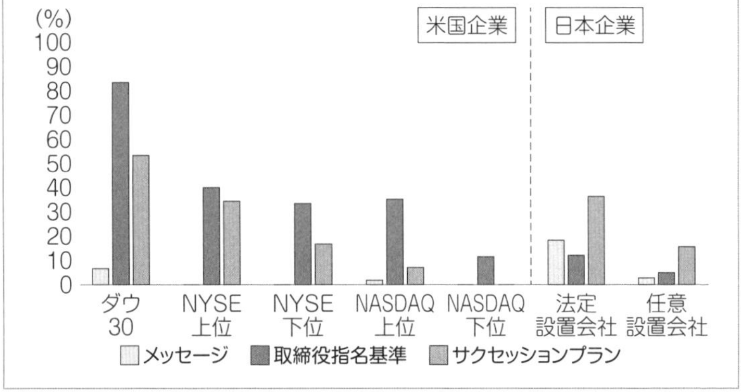

出所：筆者作成

③指名委員会の活動内容

　指名委員会の活動内容に関する開示状況が**図表3-3**である。この項目については記載内容が詳細か，それとも定型文かの分類も行っている。具体的には，「取締役会のもとで，諮問を受けた議案について審議し答申を行います」，「取締役の選任及び解任に関する議案を決定します」といったように，そのまま他社の開示資料に転載しても違和感がないような記述は定型文だと判断した。ただし，すでに述べたように調査したメンバー間で判断基準のすり合わせを随時行いながら進めたが，分類にあたって恣意性を完全には排除できていない。

　日米企業ともに指名委員会の活動内容を開示している企業は多い。米国では中小型企業では開示率がやや低下するものの，開示している企業においては全社が詳細に開示をしており，定型文での開示はなされていないのが特徴である。日本企業は法定設置会社での開示率は高いものの，定型化した記載が多い。任意設置会社でもその傾向は同じである。

④取締役の指名プロセスへの関与

　取締役の指名プロセスに指名委員会がどのように関与しているかについての開示の調査結果が**図表3-4**である。単に「取締役及び監

図表3-3　指名委員会の活動内容の開示率

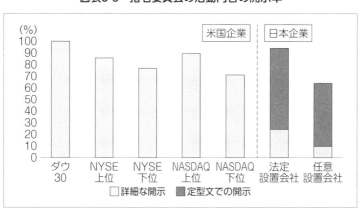

出所：筆者作成

査役候補の指名にあたっては，指名諮問委員会を設置し，その助言を得ることにしています」，「取締役候補の指名を行うにあたっては，指名諮問委員会における諮問を経て，取締役会で審議・決定します」という記載のみの場合には定型文であると判断した。また，指名プロセスに関する文章の中に「指名委員会」という言葉が出てこなかった場合には，指名委員会が指名プロセスに関与しているのかいないのかがわからないため「関与不明」として集計している。

　米国企業では詳細に説明している企業が多いが，時価総額が小さくなるにつれて開示率が低下する傾向が見て取れる。日本ではコーポレートガバナンス・コード原則3-1（iv）において，「取締役会が経営陣幹部の選解任と取締役・監査役候補の指名を行うに当たっての方針と手続」について主体的な情報発信を求めていることもあり，開示している企業数は多いものの，いわゆる定型文での開示がほとんどである。我々が設けた判断基準による分類では，詳細開示に当てはまったのは法定設置会社では2社，任意設置会社では3社のみであった。また，任意設置会社においては指名プロセスにおいて指名委員会の関与があるかどうか不明な企業も存在した。コーポレートガバナンス・コードでは「ひな型的な記述や具体性を欠く記述を避け，利用者にとって付加価値の高い記載となるようにすべきである」（補充原則3-1①）と述べられているものの，まだ道半ばという

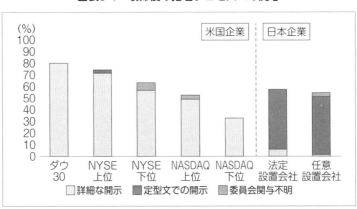

図表3-4　取締役の指名プロセスへの関与

出所：筆者作成

ところであろうか。

⑤取締役会評価

　最後に，取締役会評価の開示率が**図表3-5**である。取締役会評価
の記述に関する調査方法についてはやや詳しい説明が必要である。
日経225企業の統合報告書の中では取締役会評価の記載に多くの企
業がページを割いており，評価の結果についても記載している企業
が少なくない。一方で米国企業では評価プロセスは書かれているが
評価結果については，（日本企業のように）独立項目で開示をして
いない企業が多い[20]。ただし，本章で関心があるのは指名委員会が
評価プロセスに関与しているかどうかである。したがって判断基準
は，まずは「取締役会の実効性評価」といった項目が立っていれば
「記載あり」と集計し，その文中に指名委員会が評価のプロセス策
定や実行に関わっていることが明記されていれば「委員会関与」，
関与しているかどうかが文章からは読み取れなかった場合には「委
員会関与不明」として集計している。

　図表3-5では日米企業を１つのグラフの中で比較しているが，取
締役会評価については日米でかなり異なる方法でなされている点に

図表3-5　取締役会評価の開示率

出所：筆者作成

---

20 各取締役の報酬の決定理由の個所で取締役（会）の評価結果が記載されている場合があるため，
　　米国企業が取締役会評価の結果を記載していない，というわけではない。

注意が必要である。米国企業では指名委員会が取締役会の評価プロセスを監督している場合や評価項目のフォーマット作成を担っている場合が多い。さらに取締役会だけでなく，監査・指名・報酬委員会など各委員会の評価も行っていることが多い。その一方で，日本ではコーポレートガバナンス・コードに従い，取締役が自己評価を行ったうえで取締役会全体の実効性について分析・評価を行っており，必ずしも指名委員会が関わっているわけではない。

　開示状況については，ダウ30企業でもすべての企業が独立した項目を立てているわけではなく，また，指名委員会が取締役会評価に関与しているかどうかが判断できなかった企業もある。さらに，時価総額が小さくなるにつれて開示が後退する傾向も顕著である。日本企業では分析・評価内容を多くの企業が開示しており，日本企業の取り組みを評価すべきと言えるかもしれない。しかしながら，そのすべてにおいて指名委員会がどのように関与しているかが判然としておらず，今後は取締役会評価と指名委員会との連携をどうとるべきかの議論が必要だと思われる。

　以上が日米企業がともに開示している指名委員会関連の開示項目の調査結果である。全体的に見ればやはり米国企業の開示が進んでいるように見えるが，繰り返すが，両国の開示制度の違いによって生じている部分が大きいと思われる。また，米国企業において時価総額が比較的に小さいNASDAQ下位の企業では各社のプロクシー・ステートメントの内容が非常に似通っており，開示内容も少ないという傾向が調査を通じて浮き彫りとなった。一方でダウ30企業では詳細かつ読み手を意識した開示がなされており，これは日本におけるコーポレート・ガバナンス開示の制度を考える際に示唆を与える。つまり，上場会社全体での開示の底上げを図るのか，それともプラ

イム市場の上場会社などグローバル企業中心での開示充実を図るのかといった政策議論を進める必要があろう。

4. 日米企業の開示例

　これまでの調査から，指名委員会および指名活動に関する開示については日米両国ともに行われているものの，指名委員会が関与しているのかどうかが判断できないような開示や定型文による開示も両国で見受けられた。本節では日米企業の開示例をいくつか紹介する。

(1) 米国企業の開示例

• 委員会メッセージ

　各委員会からのメッセージと活動内容の報告についてはVISAなどが参考となる。VISAでは監査・リスク委員会，報酬委員会，財務委員会，指名・コーポレートガバナンス委員会それぞれの委員長のメッセージとともに主要な活動が一覧でわかりやすく掲載されている。以下は指名・コーポレートガバナンス委員会の委員長メッセージである。

VISA「プロクシー・ステートメント」(2022) より抜粋

> 今年度は，経営陣のサクセッションプランと取締役会構成，さらにはVISAのESGと株主エンゲージメントプログラムの監督に注力しました。
> 【活動内容の詳細】
> …………

• 取締役指名プロセス

　同じくVISAのプロクシー・ステートメントでは取締役の指名プロセスも図表を用いてわかりやすく説明されている。

　この指名プロセスによって，2014年以降に新たに7名が取締役に選任されたと記載されている。また，候補者情報を得る情報源として「株主」という記載があるが，実際のVISAのプロクシー・ステートメントには「株主推薦の取締役候補者」という項目が設けられており，株主総会での審議に取締役候補者を推薦したい株主に対して，推薦の手続やその際の規則などが掲載されている。日本企業でこのようなアナウンスを株主に対して広く周知している企業を筆者は寡聞にして知らない。ある種の驚きであった。

VISA「プロクシー・ステートメント」（2022）より抜粋

候補者の情報源	詳しい調査	取締役会での調査	取締役候補の上程
・独立取締役 ・独立した調査会社 ・社内取締役 ・株主	・スキルマトリックスの考慮 ・ダイバーシティの考慮 ・独立性と潜在的利益相反の確認（新任者の場合） ・資格審査 ・現取締役との面談	株主総会に上程する候補者の調査と指名・ガバナンス委員会の推薦による採用	株主総会に取締役候補者として上程し選任

• サクセッションプラン

　サクセッションプランについてはダウ30企業であっても30社すべてが詳細な説明を行っているわけではない。それでも，具体的な活動内容まで落とし込んで記載している企業もある。Walmartのプロクシー・ステートメント（2020年）には，指名・ガバナンス委員会がサクセッションプランを当該年度に見直したことが記載されている。具体的には，1.独立取締役には最低でも6年間の従事を期待し，

一方で任期は12年を最長とする，2.独立取締役は75歳を超えた場合は再任しない，という２つの規則を設けたという。その理由は，経験豊富な取締役と若手取締役とを揃えることで同社の取締役会構成の継続的な刷新を図ることが目的だと述べられている。また，この規則を設ける際に外部の独立コンサルタントを活用したことも記載されている。

（2）日本企業の開示例

　これまで米国企業の開示例を紹介してきた。また前節では日本企業の開示は定型文が多いという調査結果も紹介してきた。しかしながら，日本企業でも世界の主要企業と比べても遜色ない開示を行っている企業もある。できればすべての開示例を紹介したいのであるが紙幅の関係からそのうちの数社を取り上げたい。

　委員会の活動内容について三菱マテリアルは統合報告書の中で指名・監査・報酬の各委員長のメッセージを掲載し，活動内容も紹介している。委員長のメッセージも「私は……」「当委員会は……」といったような委員会（長）が主語となっている。ガバナンス報告書においては，日産自動車などが委員会の活動内容をわかりやすく記載している。

　取締役の指名プロセスではリコーが統合報告書の中で指名委員会の役割を記載しており，社内外の取締役の選任基準，選任プロセスと評価プロセスも含まれている。エーザイも招集通知の中で指名プロセスを図表を用いて説明している。サクセッションプランについては，荏原製作所などが統合報告書の中で時間軸を示しながら説明している。それによれば選定プロセスには６年間をかけているという。取締役会の実効性評価はこの数年で各社ともに記載の充実が図

られているが，野村ホールディングスでは評価プロセスや評価項目およびその結果などを開示しており参考になる。

5. 他の主要国の開示状況

　これまでは日米企業の比較を行ってきた。本節では他の主要国の指名委員会に関する開示状況を確認する。

（1）調査方法とサンプル

　調査対象はこれまでの章と同様にイギリス，ドイツ，フランス，シンガポールの時価総額上位10社である。日本企業も時価総額上位10社に限定して5か国で比較した。調査した開示資料はイギリス，ドイツ，シンガポールは英語版のアニュアル・リポート，フランスは英語版のユニバーサル・レジストレーション・ドキュメントである。日本企業も他国と条件を合わせるために英語版の統合報告書やアニュアル・リポートを用いて再調査している。ただし，日本企業の時価総額上位10社の統合報告書，アニュアル・リポートは日本語版も英語版も内容は全社とも同一であった。

（2）各国のコーポレートガバナンス・コード

　日米企業の比較の際にも指摘したが，各国の開示項目はそれぞれの国で要求される開示規則によって影響を受けている。日本を例にすれば，有価証券報告書の記載内容を定めた「企業内容等の開示に関する内閣府令」や東京証券取引所が定める「コーポレートガバナ

ンス・コード」，ガバナンス報告書の記載要領などがそれに当たる。統合報告書やアニュアル・リポートはあくまでも企業の自発的開示資料ではあるが，そこでの記載内容がこのような法令や規則で求められる開示項目の影響を受けていることは想像に難くない。たとえば，ガバナンス報告書の記載要領の中で指名・報酬委員会の活動状況（開催頻度など）の記載が求められるようになると，ガバナンス報告書だけではなく統合報告書の中でも委員会の活動状況を記載する企業が増えてくる傾向がある。

　そこで，各国の開示状況の比較をする前に，各国のガバナンス・コードにおいて委員会に関する開示についてどのような規定が置かれているのかを事前に確認する。

①日本
　日本では，上場会社は監査役設置会社，監査等委員会設置会社，指名委員会等設置会社のいずれかを選択することになっているため，委員会の開示としてではなく，取締役会に関する開示として原則3-1の中で定められており，以下の項目について「主体的な情報発信を行うべきである」と述べられている。

【原則3-1．情報開示の充実】（抜粋）
（ⅲ）取締役会が経営陣幹部・取締役の報酬を決定するに当たっての方針と手続
（ⅳ）取締役会が経営陣幹部の選解任と取締役・監査役候補の指名を行うに当たっての方針と手続

　また，ガバナンス報告書の記載要領においても，指名委員会等設置会社では各種委員会の活動内容の記載が，また，監査役設置会社

および監査等委員会設置会社では指名委員会または報酬委員会に相当する任意の委員会の設置の有無やその活動内容の記載が求められている。

②イギリス

イギリスでは独立取締役によって構成される指名委員会の設置が求められており，コーポレートガバナンス・コード（2018年7月改訂版）の規定23において指名委員会の以下の活動をアニュアル・リポートの中で開示することが定められている。

- 指名に関連して採用されているプロセス，後継者育成計画へのアプローチ，およびその両方が多様な候補者の育成をどのようにサポートしているか。
- 取締役会評価がどのように実施されたか，外部評価者の取締役会および個々の取締役との接触の実態および程度，結果およびとられた措置，ならびに取締役会の構成にどのような影響を与えたか（または，与えるか）。
- ダイバーシティとインクルージョンに関する方針，その目的および全社戦略との関連性，それがどのように実施されたか，ならびに目標達成の進捗状況。
- シニア・マネジメント（コーポレートセクレタリーを含む執行役，取締役のすぐ下の職位）とその直属の部下のジェンダーバランス。

③ドイツ

ドイツでは，執行を担うマネジメント・ボードのメンバーを，株主総会によって選任されたスーパーバイザリー・ボードが任命・解任するという二層構造がとられている。したがって指名委員会の機

能をスーパーバイザリー・ボードが担っているため，指名委員会の設置やその開示に関する規定はコーポレートガバナンス・コード（2019年12月改訂版）には置かれていない。よって本節では，指名に関するスーパーバイザリー・ボートの活動の開示状況について集計している。

④フランス

　フランスの上場会社向けコーポレートガバナンス・コード（2020年1月改訂版）では原則17において指名委員会のメンバー，責務，運営方法についての記載が求められている。原則11では各委員会の開催回数と委員会メンバーの出席に関する情報の報告が求められているが，詳細な開示項目は指示されていない。

⑤シンガポール

　シンガポールのコーポレートガバナンス・コード（2018年8月改訂版）では，原則4および5が取締役の指名および指名委員会に関する項目となっている。開示については，取締役の選任・任命・再任のプロセスにおける取締役候補者を特定・評価するために用いられる基準や，適切な候補者を探すために用いられるチャンネル（規定4.3），取締役の独立性に関する指名委員会の判断に対する見解（規定4.4）の開示が求められている。取締役会評価の開示については，規定5.2において，取締役会，各委員会，および各取締役の評価がどのように行われたか，外部のコンサルタントの情報，およびそのコンサルタントと企業またはその取締役との関係（もしあれば）をアニュアル・リポートに記載することが求められている。

（3）調査結果

　上記のように各国でコードの記載内容や求められる開示項目が異なるためデータの収集と比較は困難をともなうが，第2節で説明した日米企業比較の手順を用いて各国企業の開示内容を分類した。その結果が**図表3-6**である。

　スーパーバイザリー・ボードが指名の役割を担うドイツを除けば，各国ともに指名委員会および指名活動の開示は相対的に進んでいる。「相対的に」という意味は，次章で述べる報酬委員会の開示については米国が積極的であり，他の主要国では米国ほどの開示は行われていないからである。よって，指名委員会に関する開示については米国企業のみの突出傾向は見られないという意味である。

　委員会メッセージについてはイギリスおよび日本以外では開示されていなかったが，本章での集計の手順として，「指名委員会からのメッセージ」といったような独立項目が立てられており，それに加えて「当委員会は……」といったように主語が委員会である場合に「開示あり」として集計しているため，イギリスおよび日本以外

図表3-6　指名関連項目の主要国の開示状況

| | ダウ30 | 時価総額上位10社 | | | | |
		イギリス	ドイツ	フランス	シンガポール	日本
委員会メンバー	30社	10社	9社	10社	10社	8社
委員会開催回数	27	10	6	9	8	10
委員会（長）からのメッセージ	2	5	0	0	0	1
取締役の指名基準	25	0	0	2	0	1
サクセッションプラン	16	7	0	4	2	3
委員会の活動内容	30	10	8	9	10	7
取締役指名プロセスへの関与	24	1	0	4	7	4
取締役会評価（委員会関与あり）	18	3	0	4	1	0
取締役会評価（委員会関与不明）	7	5	0	2	2	7

出所：各社の開示資料より筆者作成

ではこの要件に合う形での開示はなされていない，という意味である。取締役会評価に指名委員会が関与しているかどうか判断できない開示も多く，これは日本企業だけの問題ではないことも明らかとなった。

6. 定型文からの脱却が優先課題

　本章では各国の指名委員会の開示を比較した。日米企業の比較が中心であったが，米国企業でもとりわけダウ30企業のプロクシー・ステートメントでは各委員会の活動内容などが多くのページを割いて詳細に記載されている。ダウ30企業と「分量」だけで比較してしまうと日本企業の見劣り感は否めない。

　ただし，米国でも時価総額が下位の企業になると開示の水準は低下する。また，米国以外の主要国の時価総額上位10社においても開示の充実度では日本企業と同水準のものも少なくない。つまり，記載が定型文であったり，または指名委員会がその活動に関与しているのかどうかがわからない記載も散見される。その意味では米国の一部大企業が際立っており，それらを平均的な日本企業がベンチマークするべきかどうかは議論が必要である。開示の「量」の拡充を求めることももちろん忘れてはいけないが，それよりもまずは自分の言葉で書くこと（＝定型文からの脱却）が日本企業にとっての優先課題となろう。

　次章では同様の調査を報酬委員会についても行い，そのうえで委員会に関する開示について総括をしたいと思う。

指名委員会の開示の主要国比較

第3章

67

第4章

報酬委員会の開示の
主要国比較

報酬	＝	責務	✕	能力
1・2章		3・4章		5・6章

1. 報酬委員会の調査結果

（1）調査サンプルと調査方法

本章では報酬委員会に焦点を当て，前章と同様の調査を行う。調査サンプルと調査方法は前章と同一であり，前章第2節を参照していただきたい。調査を進めていくと，報酬委員会の開示については日米企業双方で開示されている項目と米国企業のみで開示されている項目とがあることがわかってきた。それをまとめたものが**図表4-1**である。

委員会構成メンバーや開催回数といった日米企業ともに開示している項目と，報酬委員会レポートのように主に米国企業が開示している項目とがある。両国共通の開示項目としてはメンバー・開催回数のほかに委員会（または委員長）からのメッセージ，委員会の活動内容，報酬決定プロセスへの関与などがあり，一方で報酬委員会レポート，報酬プログラムのリスク，比較他社（ピア・グループ）との報酬比較，報酬コンサルタントの活用状況，取締役ごとの報酬決定の詳細理由については日本企業はほとんど開示していない。ただし，このことは米国企業の開示が日本企業よりも優れていることを意味するわけではない。両国ともに上場規則や法令によって開示が強制される項目が異なっており，開示項目に自ずと差異が生じる方が自然である。換言するならば，自国の法令で求められていない

図表4-1　日米の開示項目（報酬委員会関連）

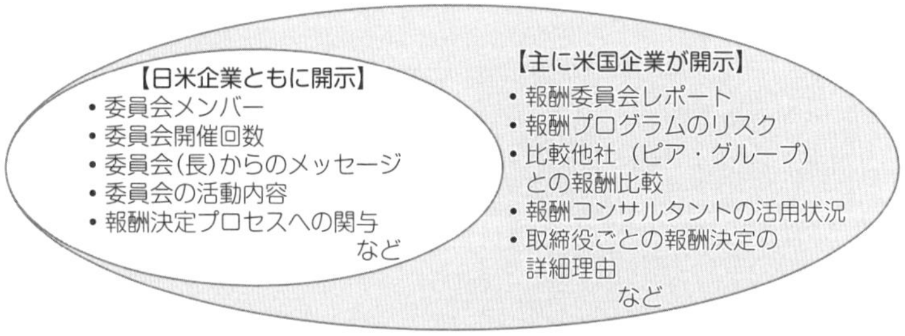

【日米企業ともに開示】
- 委員会メンバー
- 委員会開催回数
- 委員会（長）からのメッセージ
- 委員会の活動内容
- 報酬決定プロセスへの関与
　　　　　　　　　　　　など

【主に米国企業が開示】
- 報酬委員会レポート
- 報酬プログラムのリスク
- 比較他社（ピア・グループ）との報酬比較
- 報酬コンサルタントの活用状況
- 取締役ごとの報酬決定の詳細理由
　　　　　　　　　　　　など

出所：筆者作成

開示項目については開示企業が少なくなるのは仕方がないであろう。以下では，日米企業ともに開示している項目，主に米国企業が開示している項目とに分けて開示率などをより詳細に見ていく。

（2）日米企業ともに開示している項目

まず，日米企業ともに開示している項目の開示状況である。

①報酬委員会メンバーと開催回数

報酬委員会メンバーと開催回数の開示については，指名委員会に関する**図表3-1**とほぼ同じ結果である[21]。米国企業ではほとんどの企業が開示しているものの，中小型企業では開示率がやや低下する。日本企業では法定設置会社よりも任意設置会社の方が開示率が低く，これは指名委員会の開示と同様である。

②委員会活動内容

報酬委員会の活動内容に関する開示状況が**図表4-2**である。**図表4-2**では，記載内容が詳細か，それとも定型文かの分類も行った。

図表4-2　報酬委員会の活動内容の開示率

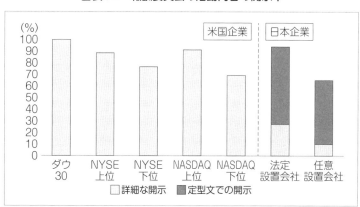

出所：筆者作成

---

21 日経225企業のうち，（指名委員会は設置せず）報酬委員会のみ設置している企業が2社あるものの，グラフの形状は図表3-1とほぼ同一となっている。

具体的には「取締役会のもとで，諮問を受けた議案について審議し答申を行います」，「取締役及び執行役が受ける個人別の報酬に関する方針と内容等を決定します」といったように，文章をそのまま他社の開示資料に記載しても違和感がないような記述は定型文だと判断した。

米国企業では，時価総額が小さくなるにつれて開示の後退が見て取れるものの，開示している企業においては全社が詳細に開示をしており，定型文による開示はされていないのが特徴である。日本企業は法定設置会社での開示率は高いものの定型文による記載が多く，任意設置会社でもその傾向は同じである。

③報酬決定プロセスへの関与

報酬決定プロセスに報酬委員会がどのように関与しているかについての開示の調査結果が**図表4-3**である。単に「報酬諮問委員会は，役員報酬体系等に関して，取締役会から諮問を受けて，その適切性等について検討し，答申を行います」，「取締役の報酬については，報酬諮問委員会で審議したうえで，取締役会において決定しています」という記載にとどまっている場合には定型文であると判断した。また，「取締役の個別報酬は，代表取締役社長が決定しています」，「報酬等の具体的な金額の決定については，代表取締役社長へ一任

図表4-3　報酬決定プロセスへの関与

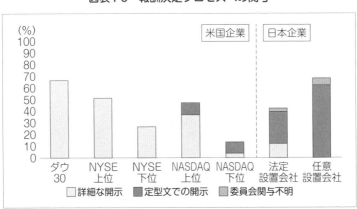

出所：筆者作成

し，適正な額を支給しています」などとしか記載されておらず，報酬委員会が決定プロセスに関与しているのかどうかわからない場合には「関与不明」として集計している。

米国ではダウ30企業は30社中20社で詳細な開示が行われていたが，時価総額が小さくなるにつれて開示が後退し，また，定型文による開示も増える傾向が見て取れる。NASDAQの時価総額下位企業では詳細な開示を行う企業はほとんどない。一方で日本企業はコーポレートガバナンス・コードの原則3-1（iii）において「取締役会が経営陣幹部・取締役の報酬を決定するに当たっての方針と手続」の開示が求められているためにガバナンス報告書の中で開示している企業が多い。しかしながら，定型文であったり委員会の関与が不明である企業も存在する。とりわけ任意設置会社で詳細を開示している企業は見られなかった。

④委員会メッセージ

報酬委員会（または委員長）からのメッセージの開示率が**図表4-4**である。メッセージがあるかどうかの判定に際しては，たとえば文章の最後に署名がなされているなど，委員長や委員会メンバーが主体となって開示しているかどうかという点を判断基準とした。

委員会からのメッセージの開示企業は全体に少ない（縦軸の上限

図表4-4　報酬委員会メッセージの開示率

出所：筆者作成

は20％）。米国企業では時価総額との相関が強いことがわかる。日本企業では法定設置会社では何らかのメッセージを記載している企業が多いことが見て取れる。

　以上が日米企業がともに開示している報酬委員会関連の開示項目の調査結果である。全体的に見ればやはり米国企業の方が日本企業よりも開示が進んでいるように見えるが，繰り返すが，両国の開示制度の違いによって生じている部分があると思われる。また，米国企業では時価総額が比較的小さいNASDAQ下位の企業において各社のプロクシー・ステートメントの記載内容が非常に似通っており，開示内容も少ないという傾向が明らかとなった。

（3）主に米国企業が開示している項目

　米国企業では開示されているが，日本企業では開示している企業がほとんどない項目もある。具体的には報酬委員会レポート，報酬プログラムのリスク，ピア・グループとの報酬比較，報酬コンサルタントの役割と活動内容，取締役ごとの報酬決定理由などである。これらの項目の開示状況を示したのが**図表4-5**である。

図表4-5　米国企業固有の項目の開示率

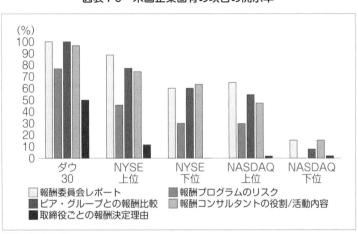

凡例：
□ 報酬委員会レポート　■ 報酬プログラムのリスク
■ ピア・グループとの報酬比較　□ 報酬コンサルタントの役割/活動内容
■ 取締役ごとの報酬決定理由

出所：筆者作成

図表4-5を見ると，時価総額との相関がかなりあることがわかる。これまでの調査と同様に，ダウ30企業の開示は充実しているが，時価総額が小さくなるにつれて開示も後退していることがわかる。

2. 日米企業の開示例

　これまでの調査から，報酬委員会および報酬決定に関する開示については両国ともに行われているものの，報酬委員会が関与しているのかどうかが判断できないような開示や定型文による開示も両国で見受けられた。ただし，ダウ30企業といった大企業における開示の充実度は際立っており，日本企業にとってベンチマークの参考になるであろう。本節では米国企業の開示例をいくつか紹介する。

①報酬委員会レポート

　米国企業の多くが「報酬に関する議論と分析（Compensation Discussion and Analysis）」をプロクシー・ステートメントに独立項目で記載している。「報酬に関する議論と分析」には各取締役の報酬額やその内訳，報酬決定の基準となる指標など，取締役の報酬に関する詳細が記載されている。報酬委員会レポートは「報酬に関する議論と分析」の内容を報酬委員会において確認し，その内容は適当なものであると認めたとの旨が記載されているレポートである。報酬委員会レポートはダウ30企業の全社が開示しているが，あくまで内容確認を証するものであるため簡潔に記載している企業が多い。以下はAppleのプロクシー・ステートメント（2022年）の記載例である。

Apple「プロクシー・ステートメント」(2022) を一部抜粋

> 報酬委員会レポート
>
> 報酬委員会は，以下の「報酬に関する議論と分析」に含まれる開示内容を検討し，経営陣と議論しました。この検討および議論に基づき，報酬委員会は，年次総会用のプロクシー・ステートメントに「報酬に関する議論と分析」と題したセクションを含めることを取締役会に推奨しました。

②報酬プログラムのリスク

ダウ30企業では，報酬プログラムのリスクについて23社で開示されていた。具体的には，報酬委員会が報酬ミックス（固定報酬・変動報酬の組み合わせ方や，短期的・長期的インセンティブの組み合わせ方など）の見直しを行ったことや，取締役の不正があった場合に報酬を返金させる際の方針，従業員のインサイダー取引を防止する方針があることなどを確認したうえで，リスクはないと判断した，という内容が開示されている。

また，現行の報酬制度のもとでは執行役が過度のリスクテイクをするとは考えていない旨の記載もされている。たとえば，Walmartのプロクシー・ステートメント（2022年）における "Risk Considerations in our Compensation Program" の記載を見ると，現金インセンティブと株式報酬の年次の支給額には上限が定められているために過度のリスクテイクは生じない，上級執行役については厳格な株式報酬ガイドラインが定められていることで過度のリスクテイクを防ぎ長期の株主価値の向上を動機づけるものとなっている，といった報酬委員会の見解が詳細に表明されている。

③ピア・グループとの報酬比較

　NASDAQの時価総額下位企業を除けば，米国企業の５割以上で開示されており，ダウ30企業では全社が開示をしている。多くの企業では，同程度の時価総額の企業または競合他社をピア・グループとして比較対象に挙げていた。たとえばAppleでは競合する大企業で構成される第１ピア・グループと特徴的企業で構成される第２ピア・グループとを定めていることがプロクシー・ステートメント（2022年）に記載されている。

Apple「プロクシー・ステートメント」(2022) を一部抜粋

第１ピア・グループ
Alphabet AT&T Cisco Disney Intel Microsoft Oracle Verizon Amazon Charter Comcast IBM Meta Netflix Qualcomm Visa
第２ピア・グループ
3M Boeing General Electric Nike Pfizer Tesla American Express Coca-Cola Johnson & Johnson PepsiCo Procter & Gamble United-Health Group

　ピア・グループとの比較の仕方としては，報酬の総額を比較するのではなく，長期インセンティブを決定する際の指標となるTSR（Total Shareholder Return）としてピア・グループの平均を用いて相対化したり，基本報酬の割合をピア・グループと比較するといった方法がとられていた。また，実際の数値や割合，報酬額を用いて比較を行っている企業はダウ30企業では30社中11社であった。たとえば，Microsoftのプロクシー・ステートメント（2020年）では，ピア・グループとの報酬ミックスの違いがグラフで掲載されている。その中では，同社の取締役候補者の報酬ミックスは基本給が全体の

7.4％，現金インセンティブが19.3％，株式報酬が73.3％であるのに対し，報酬に関するピア・グループの平均は基本給11.6％，現金インセンティブ19.1％，株式報酬69.3％であることが示されている。

　ただし，繰り返しになるが，米国で開示されているからといって日本でも開示すべきであるという主張は拙速である。たとえば，報酬コンサルタントの阿部直彦氏は「比較対象企業をベンチマークする手法は，欧米において高騰する役員報酬への歯止めを主たる目的に採用されているが，役員報酬の高騰は日本では大きな論点ではないことも再認識すべきだろう」（阿部［2021］，35頁）と述べており，日本企業に必要な開示なのかどうかの吟味が十分になされるべきである。

④報酬コンサルタントの役割・活動内容

　外部の報酬コンサルタントの役割・活動内容も多くの企業が開示しており，とくにダウ30企業では29社が開示をしていた。記載内容は，報酬コンサルティングを提供した会社名，期待する役割またはその年度に実際に行ったことなどであり，一部の企業では報酬コンサルタントに支払った報酬額も開示されている。以下はNIKEのプロクシー・ステートメント（2020年）に記載されている「報酬コンサルタントの役割」の一部抜粋である。

NIKE「プロクシー・ステートメント」(2020) を一部抜粋

> 報酬委員会は報酬コンサルタントを活用する権限を有しており，2020年度はMercerと契約をしている。その役割はCEOを含むシニア・エグゼクティブの報酬，サクセッションプラン等の提案である。同社はSECおよびNYSEの規則に照らして独立性を有している。報酬委員会に提供するサービスの対価は約2万5,000ドルであり，それ以外に約93万5,000ドルのサービスをNIKEに対して提供している。

　日本企業でもオリンパスなどは契約している報酬コンサルタント名を開示しているが，いまだごく少数であり，かつコンサルタント名以外の契約額などは開示されていない。

⑤取締役ごとの報酬決定の詳細理由

　米国では証券取引委員会（SEC）のRegulation S-Kの項目402(a)(3)で個別報酬の開示が求められている5名にとどまらず，他の取締役も含めた報酬テーブルを開示している企業も多い。報酬テーブルには各取締役の報酬額，報酬の内訳等が記載されている。このような定量データのほかにも，その取締役が今年度に取り組んだことや成果を上げたことを記載し，定性的な側面から報酬額の妥当性について開示を行う企業もある。これまで挙げてきた項目と比べると開示率は高くないものの，ダウ30企業ではWalmart，3M，JP Morgan Chase，Goldman Sachs Group，Walt Disneyなど15社が開示している。たとえばWalmartのアニュアル・リポート（2021年）ではCFOのブレット・ビッグス氏について「同氏の尽力で顧客，投資家，その他のステークホルダーとの信頼関係をより強固にした」，「運転資本の確保，ポートフォリオの最適化，重要な戦略的

投資，持続的な変化を進めた」，「253億ドルの営業キャッシュフローを生み出した」，「配当と自社株買いで118億ドルを株主に還元した」などの報酬委員会による評価が記載されている。もちろんCEOをはじめ他の執行役の評価も記載されている。

3. 他の主要国の開示状況

これまでは日米企業の比較を行ってきた。本節では他の主要国の報酬委員会に関する開示状況を確認する。調査対象は前章第5節と同様である。

（1）各国のガバナンス・コード

前章と同様に，各国の主要企業の比較を行う前に，それぞれの国のコーポレートガバナンス・コードの中で報酬委員会についてどのような規定が置かれているかを確認する。なお，日本については指名委員会と報酬委員会に関する開示は原則3-1でまとめて掲載されているため，前章の第5節を参照してほしい。

①イギリス

イギリスでは独立取締役によって構成される報酬委員会の設置が求められており，コーポレートガバナンス・コード（2018年7月改訂版）の規定41において報酬委員会の以下の活動をアニュアル・リポートの中で開示することが定められている。
- 業務執行取締役の報酬の方針，構造，業績評価基準に関する戦略的根拠の説明。

- ペイ・レシオ，ペイ・ギャップを含む社内外の指標を用いて，報酬が適切であると判断した理由。
- 報酬委員会が規定40で定められた要因にどのように対処したかについての具体例を用いた説明。
- 報酬方針が会社の業績および成長の観点から意図した通りに機能しているかどうか。また，そうでない場合にはどのような修正が必要か。
- 株主との間でどのようなエンゲージメントが行われたか，また，それが報酬方針や結果にどのような影響を与えたか。
- 全社での報酬方針と役員報酬とがどのように整合しているかについて従業員とどのようなエンゲージメントが行われたか。
- 報酬の結果にどの程度の裁量が認められているか，およびその理由。

また，報酬コンサルタントを活用している場合にはアニュアル・リポートの中でその旨を開示することが規則35で定められている。

②ドイツ

　ドイツのコーポレートガバナンス・コード（2019年12月改訂版）ではセクションGでスーパーバイザリー・ボードと取締役会（マネジメント・ボード）の報酬について4頁が割かれて記載されている。その記載内容についての詳細は省略するが，ドイツのコード（英語版）は全18頁であり，そのうちの4頁がセクションGに充てられている。そして，セクションGの最後に置かれている原則25において，スーパーバイザリー・ボードと取締役会は法規定に従って年次報酬レポートを作成しなければならないと定められている。

③フランス

　フランスの上場会社向けコーポレートガバナンス・コード（2020年1月改訂版）では役員報酬を決める際の留意事項や報酬額の開示のフォーマットなどが詳細に記載されている。委員会の活動に関する開示については，報酬委員会を含めた各委員会の開催回数と委員会メンバーの出席に関する情報の報告が求められている（原則11.1）。報酬委員会については，そのメンバー，責務，運営方法について原則18で記載されているものの，委員会に関する開示項目は少ない。

④シンガポール

　シンガポールのコーポレートガバナンス・コード（2018年8月改訂版）では，原則6〜8が報酬関連であり，とりわけ原則8は報酬開示に関するものである。原則8では「報酬方針，報酬の水準および構成，報酬を決定するための手順，報酬と業績および価値創造との関係について，透明性を確保すること」と定められており，それに続く規則8.1から8.3の中でより詳細な開示項目が定められている。そして規則8.1ではアニュアル・リポートの中での個別報酬の開示要件が，規則8.2では大株主従業員や取締役と血縁のある従業員の氏名と報酬の開示について，規則8.3では報酬ミックスや従業員株式報酬制度についての開示の要件が記載されている。また，報酬コンサルタントを雇っている場合の開示についても規則6.4で定められている。

（2）調査結果

　上記のように各国でコードの記載内容や開示項目が異なるため，

データの収集と比較は困難をともなうが，さしあたり**図表4-1**で示した日米企業ともに開示している項目（5項目）と主に米国企業が開示している項目（5項目）に沿って各国企業の開示内容を分類した。その結果が**図表4-6**である。

　日米企業ともに開示している5項目については，他国においても開示している企業が多い。委員会メッセージについてはドイツ，フランス，シンガポール企業では開示されていなかったが，我々の調査においては「報酬委員会からのメッセージ」といったような独立項目が立てられており，さらに「当委員会は……」といったように主語が報酬委員会である場合に「開示あり」としているため，ドイツ，フランス，シンガポールではそうした要件に合う開示はなされていない，という意味である。実際に，活動内容についてはフランス，シンガポールともにほとんどの企業が開示している。ドイツでは年次報酬レポートの制度があるためにそこで開示されている。

　米国企業のみで開示されていた5項目については他の主要国での開示率は総じて低い。報酬コンサルタントの活用状況については，イギリスとシンガポールではコーポレートガバナンス・コードの中で記載を求められているために開示企業が多いが，そのような記載が求められていない日本では開示企業はゼロである。このように，

図表4-6　報酬関連項目の主要国の開示状況

| | | ダウ30 | 時価総額上位10社 | | | | |
			イギリス	ドイツ	フランス	シンガポール	日本
日米共通項目	委員会メンバー	30社	10社	9社	10社	10社	8社
	開催回数	27	10	6	9	8	10
	委員会メッセージ	5	6	0	0	0	2
	委員会の活動内容	18	7	4	9	9	8
	報酬決定プロセス	20	2	2	2	3	3
米国固有項目	委員会レポート	30	8	9	0	1	0
	報酬プログラムのリスク	23	0	1	0	2	0
	ピア・グループとの報酬比較	30	1	1	2	0	0
	報酬コンサルタントの活用状況	25	4	1	1	3	0
	取締役ごとの報酬決定理由	15	1	0	0	0	0

出所：各社の開示資料より筆者作成

米国企業に固有の開示項目は必ずしもグローバルでのスタンダードとはなっておらず，各国で記載項目には特徴がある。

4. 求められる社外取締役の活動開示

　本章では各国の報酬委員会の開示を比較した。日米企業の比較が中心であったが，ダウ30企業や時価総額上位の米国企業の開示は充実しているものの，時価総額が下位の企業になると開示の水準は低下していた。ひるがえって日本企業を見てみると，開示自体は行われているものの，記載が定型文であったり，または報酬委員会がその活動に関与しているのかどうかがわからない記載も少なくない。報酬委員会の活動の具体的な記載や，各社自身の言葉での記載が今後の日本企業の課題となろう。これは指名委員会についても同様である。

　その意味では，報酬金額に見合う活動を社外取締役が実際に行っているのかどうかは不透明である。仮に，「開示していない」ことを「活動していない」ことと捉えるのであれば，日本企業における指名・報酬委員会の活動実態とその開示の水準はいまだ低く，報酬に見合う活動を社外取締役は行っていないとも言えるのではなかろうか。

　図表1-5（第1章）では日本企業全体の社外取締役報酬の分布を

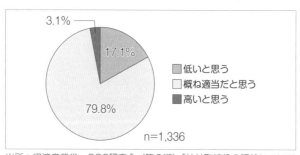

図表4-7　社外取締役の報酬額の妥当性

3.1%

17.1%

79.8%

■ 低いと思う
□ 概ね適当だと思う
■ 高いと思う

n=1,336

出所：経済産業省・CGS研究会（第2期）「社外取締役の現状について（アンケート調査の結果概要）」（2020年5月）より抜粋

示したが，もっとも多い金額帯は600〜800万円であった。この報酬額への満足度のアンケート結果が**図表4-7**である。

　図表4-7によると回答した社外取締役の約8割が現状の報酬額を「概ね適当だと思う」と回答している。このアンケート結果によると，取締役会出席時間[22]を除いた社外取締役の活動時間は「〜5時間」が32.2％，「〜10時間」が32.1％となっており，取締役会で議論する議題の事前説明などの時間を勘案すると，委員会の活動に割いている時間はそれほど多くはないと思われる。そもそも**図表2-2**（第2章）で示したように，東証1部企業であっても約40％は指名・報酬委員会を設けていない。つまり，委員会での活動がほとんどない企業における社外取締役報酬の“妥当”な額が600〜800万円だとするならば，1,000万円や2,000万円といった高額の報酬を支払っている場合，それに見合うだけの議長，筆頭社外取締役や各委員会の委員長・メンバーとしての活動内容の開示が求められてくるであろう。しかしながら，少なくとも開示面から見る限り，日本の大企業では高額報酬に見合う開示を行っている企業はいまだ少ない。実際，三井住友信託銀行が行った「ガバナンスサーベイ2021」によると，機関投資家の多くが社外取締役の働きを「不十分」と評価しているという（日本経済新聞2021年11月10日朝刊）。

　もちろん，日本企業でも社外取締役自身が委員会での活動内容を統合報告書などを通じて発信している企業が出始めてきている。また，開示はしていなくとも，実際には社外取締役が積極的に活動している企業もあるであろう。15人の社外取締役の実像に迫った経済産業省編『社外取締役の実像―15人の思想と実践』（きんざい，2021年6月）などからはそうした活動の一端を垣間見ることができる。しかしながら，それらが開示されていないのであれば，活動をしているのかどうかは外部者にはわからない。

---

22 このアンケート結果では，取締役会の開催回数は2019年の平均で14.7回，1回の所要時間が102分となっている。

2023年1月に「企業内容等の開示に関する内閣府令」が一部改正され，2023年3月期から有価証券報告書の「コーポレート・ガバナンスの概要」の中で指名委員会・報酬委員会等の活動状況（開催頻度，具体的な検討内容，出席状況）の開示が求められることとなった。有価証券報告書は全上場会社に提出が求められているが，上場会社全体での開示の底上げを図るのか，あるいは，プライム市場などグローバル企業を中心にして開示充実を図るのか，といった政策議論を進める必要があろう。

　また，企業側の意識も変える必要があろう。社外役員に対して「お時間を取らせるのは申し訳ないといった理由を付けて，奉って」（社外役員会計士協議会特別対談［2021］，12頁）しまうのではなく，報酬に見合う活動を積極的に果たしてもらう，そのために普段から社外取締役とのコミュニケーションを密にしていくことが重要である。

　指名・報酬委員会の調査を通じて，米国企業の開示項目が必ずしもグローバル・スタンダードとはなっていないことも明らかとなった。米国企業の開示は参考にしつつも，自社に合った形での委員会の活用と社外取締役の参画，そして開示を考えていけばよいのではなかろうか。その際，自社にとって必要のない活動は定型文でコンプライするのではなく，堂々とエクスプレインすればよいというのが筆者の考えである。

　有識者にインタビューを行うと，日本で社外取締役報酬が高額化してきた背景にはさまざまな事情があるようである。たとえば，社外取締役が監督機能を持つためには大所高所から意見ができる"ご意見番"の登用が必要であり，その"ご意見"に一定の"圧"を持つ人物は大企業経営経験者や法務・会計のスペシャリスト，著名学

者などとなり，報酬もそれに見合った額にせざるを得ない。また，日本ではコーポレートガバナンス・コードの導入を契機として短期間で社外取締役の登用が進んだため，人材の奪い合いとなって報酬が高騰したという意見にも頷ける。しかしながら，これらを勘案しても日本企業の社外取締役は責務という点では現行の報酬額とのバランスを欠いているように見える。ただし，責務のみが報酬を決めているわけではない。本書のフレームワークは責務と能力に報酬が見合っているかどうかである。次章からはもう1つの視点である社外取締役の「能力」についての調査結果を報告する。

第5章

スキル・マトリックスから
見る取締役の能力

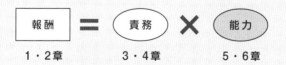

報酬 ＝ 責務 ✕ 能力

1・2章 　　3・4章 　　5・6章

1. 社外取締役とそのスキル

　本書の問題意識は，社外取締役の報酬が高額化している中で，それに見合う「責務」×「能力（スキル）」を発揮しているのかどうかという点にある。本章および次章では「能力（スキル）」に焦点を当てる。ただし，取締役としてのその人物のスキルを個別に定量化するのは極めて困難であり，もし仮に何らかの手法で定量化できたとしても，客観性の高い各国比較を実施することはほぼ不可能であろう。そこで本章では個々人のスキルの定量化ではなく，日米企業がどのようなスキルを取締役に求めており，そうしたスキルを持った取締役を選任できていると自社で評価しているかどうか，という視点での比較を行う。比較の際の情報源は，注目が高まってきているスキル・マトリックスである。

2. スキル・マトリックスとは何か

（1）ガバナンス・コードとスキル・マトリックス

　2021年6月に再改訂されたコーポレートガバナンス・コードの補充原則4-11①の中で，スキル・マトリックスなどを用いた取締役スキルの開示が求められた。

　補充原則4-11①
　「取締役会は，経営戦略に照らして自らが備えるべきスキル等

を特定した上で，取締役会の全体としての知識・経験・能力のバランス，多様性及び規模に関する考え方を定め，各取締役の知識・経験・能力等を一覧化したいわゆるスキル・マトリックスをはじめ，経営環境や事業特性等に応じた適切な形で取締役の有するスキル等の組み合わせを取締役の選任に関する方針・手続と併せて開示すべきである。その際，独立社外取締役には，他社での経営経験を有する者を含めるべきである」（下線は改訂前のコードから変更された部分）

　スキル・マトリックスとは，取締役（および監査役）各人が持つスキルの一覧表である（図表5-1）。図表5-1の例ではスキル項目数は「6」，取締役1人当たりの保有スキル数は平均で「3.3」，代表取締役（CEO）の保有スキル数は「4」となる。

　補充原則4-11①では「スキル・マトリックスをはじめ」とされており，必ずしもスキル・マトリックスの開示が求められているわけではない。スキル・マトリックスを用いなくとも取締役の保有スキルを表示することはもちろん可能である。文章形式で記載してもよいし，スキル・アイコンを用いる方法もある。しかしながらスキル・マトリックスの開示企業数は増加傾向にあり，長谷川ほか［2021］によると2020年10月〜2021年3月期決算の招集通知の中での開示企業数は406社であったという。2022年6月株主総会ではプライム上場企業の8割強が開示しているようである。円谷研究室では以前からスキル・マトリックスの調査を進めており，その成果は研究室メンバーである遠山・濱崎［2019］にまとめられている。しかしながら，当時はまだ開示企業数も少なく，分析には限界があった。本書

図表5-1　スキル・マトリックスのイメージ

	企業経営	国際経験	財務・会計	技術	法務・リスク	ICT
代表取締役 A氏	○	○	○			○
取締役 B氏		○		○	○	○
社外取締役 C氏		○	○			

出所：筆者作成

ではサンプルを拡充してあらためて調査を実施した。

(2) 各国の主要企業の社外取締役スキル ―円谷［2021］の調査結果―

　円谷研究室では前掲の遠山・濱崎［2019］をはじめ，以前から各国のスキル・マトリックスの調査に取り組んでいる。その成果の一部である円谷［2021］では，日米英EUの主要国のスキル・マトリックス情報の比較を行った。本項はその要約となる。

　円谷［2021］は2019年時点の各社のアニュアル・リポート（または統合報告書），招集通知，IRサイトを調査したもので，日本企業は東証1部企業で社外取締役が3名以上選任されている1,212社を調査し，米英EUはそれぞれの株式インデックスに組み込まれている主要企業[23]を調査した。その結果，日本企業では1,212社中135社[24]，米国では30社中26社，イギリスでは30社中17社，EUでは50社中16社[25]がスキル・マトリックスを開示していた。

　スキル・マトリックスを作成する際には，自社の取締役に期待されているスキル等を事前に特定しなければならない。米英EU企業が採用しているスキル項目は，項目自体も項目数もそれぞれ企業ごとに違いが見られる。たとえば，ダウ30の開示企業26社で採用されているスキル項目は，「技術」のスキルは26社すべてで採用されていたが，その他のスキル項目については採用している企業もあれば採用していない企業もあった。ダウ30企業で多く採用されている上位4スキル「技術」「財務・会計」「経営経験[26]」「国際性」に絞って，各国別に全取締役に占めるスキル保有者の比率を比較したのが**図表5-2**である。

　上位4つのどのスキル項目においても，日本企業ではスキル保有者が相対的に少ないことがわかる。これにはいくつかの理由が考え

---

23 米国はダウ30銘柄，イギリスはFTSE100のうち時価総額上位30社，欧州はEuro STOXX50銘柄（ただし英文情報が開示されていない企業は集計から除外）である。

24 社内取締役のみ，または社外取締役のみのスキルしか開示していない企業が42社あったため，社内・社外取締役ともにスキルを開示している93社に絞って集計した。

25 16社の内訳は，フランス6社，ドイツ3社，オランダ3社，スペイン2社，アイルランド1社，フィンランド1社。

26「リーダーシップ」というスキルも「経営経験」として集計している。

毎度ご愛読をいただき厚く御礼申し上げます。お客様より収集させていただいた個人情報
は、出版企画の参考にさせていただきます。厳重に管理し、お客様の承諾を得た範囲を超
えて使用いたしません。メールにて新刊案内ご希望の方は、Ｅメールをご記入のうえ、
「メール配信希望」の「有」に○印を付けて下さい。

図書目録希望	有　　　　無	メール配信希望	有　　　　無

フリガナ			性　別	年　齢
お名前			男・女	才

ご住所	〒
	TEL　　（　　　）　　　　　Ｅメール

ご職業	1.会社員　2.団体職員　3.公務員　4.自営　5.自由業　6.教師　7.学生 8.主婦　9.その他（　　　　　　　　　　　）
勤務先 分　類	1.建設　2.製造　3.小売　4.銀行・各種金融　5.証券　6.保険　7.不動産　8.運輸・倉庫 9.情報・通信　10.サービス　11.官公庁　12.農林水産　13.その他（　　　　　　　）
職　種	1.労務　2.人事　3.庶務　4.秘書　5.経理　6.調査　7.企画　8.技術 9.生産管理　10.製造　11.宣伝　12.営業販売　13.その他（　　　　　　　）

愛読者カード

書名

◆ お買上げいただいた日　　　　　年　　　月　　　日頃
◆ お買上げいただいた書店名　　（　　　　　　　　　　　　）
◆ よく読まれる新聞・雑誌　　　（　　　　　　　　　　　　）
◆ 本書をなにでお知りになりましたか。
1．新聞・雑誌の広告・書評で　（紙・誌名　　　　　　　　　）
2．書店で見て　3．会社・学校のテキスト　4．人のすすめで
5．図書目録を見て　6．その他（　　　　　　　　　　　　　）

◆ 本書に対するご意見

◆ ご感想
- 内容　　　　　良い　　　普通　　　不満　　　その他（　　　　　）
- 価格　　　　　安い　　　普通　　　高い　　　その他（　　　　　）
- 装丁　　　　　良い　　　普通　　　悪い　　　その他（　　　　　）

◆ どんなテーマの出版をご希望ですか

<書籍のご注文について>

直接小社にご注文の方はお電話にてお申し込みください。 宅急便の代金着払いにて発送いたします。1回のお買い上げ金額が税込2,500円未満の場合は送料は税込500円、税込2,500円以上の場合は送料無料。送料のほかに1回のご注文につき300円の代引手数料がかかります。商品到着時に宅配業者へお支払いください。

同文舘出版　営業部　TEL：03−3294−1801

られる。まず，実際に日本企業の取締役のスキルが足りていない可能性がある。次に，日本企業がスキルの有無を“控えめに”開示している可能性がある。日本ではスキル・マトリックスの作成が途に就いたばかりであるため，保守的に開示しているのかもしれない。日本企業が保守的にスキルの有無を判断しているのかどうかを明らかにするためには，当該スキルが「あり」とされている取締役の経歴を個別に調査することで，スキルありの判断基準の傾向を明らかにする必要がある。たとえば，「財務・会計」であれば，CFO経験，博士号取得者，MBA取得者，会計士資格保有者など，何を判断基準としてその取締役に財務・会計のスキルありと判断しているのかを調査することで各国ごとの判断の拠り所を浮き彫りにすることができよう。これについては次章で詳しく報告する。

　しかし，円谷［2021］の調査対象企業に関しては留意が必要である。日本企業は東証1部全社を調査したが，その他の国はインデックスに採用されている大手企業である。調査範囲の違いがスキル保有率の違いに影響を与えている可能性がある。円谷［2021］が執筆された時点では，日本ではまだスキル・マトリックスの開示企業が少ないために東証1部全体に調査範囲を広げたのであるが，企業規模などを揃えながら各国比較をする必要がある。そこで本章ではデータをアップデートしてスキル・マトリックス情報を再調査した。

図表5-2　全取締役に占めるスキル保有取締役の比率

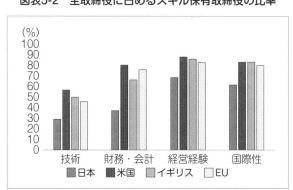

出所：円谷［2021］，図表1.

3. 日本企業のスキル・マトリックス ―2021年3月期―

図表5-2は円谷［2021］に掲載したグラフの転載であり，調査した時点ではまだコーポレートガバナンス・コードの再改訂は公表されておらず，改訂前のコードにはスキル・マトリックスという文言は登場していない。金融庁は，再改訂コード（案）の発表に先立つ2020年12月に意見書(5)「コロナ後の企業の変革に向けた取締役会の機能発揮及び企業の中核人材の多様性の確保」を公表し，この中で初めてスキル・マトリックスという用語が用いられている。この意見書をきっかけにして，企業側にスキル・マトリックスの作成機運が高まっていった。その後，2021年4月にコードの再改訂案が金融庁から公表され，前述した補充原則4-11①の形でスキル・マトリックスという文言が記載された。したがって対応が早い企業は意見書(5)の公表直後から作成に着手していたと思われる。

　コードの再改訂が正式に公表された2021年6月は，2021年6月株主総会の招集通知が公表される時期でもある。よって，早めに対応を進めた企業は2021年6月株主総会の招集通知にスキル・マトリックスを載せている。本章では，2021年3月決算企業の招集通知をすべて再調査し，その結果，分析に必要なデータが記載されているスキル・マトリックスを開示している企業数は348社であった。

　これらの企業のスキル・マトリックスを，スキル項目，開示対象者ごとにデータベース化していった。なお，「独立性」や「ジェンダー」といったデモグラフィーやパーソナリティに関する項目をスキルに加えている企業がある。独立性であれば独立社外役員に「○」が付いており，ジェンダーであれば女性役員に「○」が付いているが，本書では取締役の能力に関心があるため，こうしたデモグラフ

ィー型のスキルは集計から除外している。

　まず，348社のうちで社内取締役・社外取締役ともにスキルを開示しているのが319社（91.7％），社内取締役のみ開示が20社，社外取締役のみ開示が9社である。円谷［2021］の調査時点では，開示している135社のうち社内・社外取締役ともにスキルを開示しているのは93社（68.9％）であったので，これは開示の前進と考えてよい。この348社のスキル項目数は，もっとも少ない企業で3項目，もっとも多い企業で15項目，平均では7.3項目（中央値は7項目）であった。個別記載されていた延べ3,006人の取締役（候補者）が保有するスキル数をまとめたものが**図表5-3**である。

　全取締役延べ3,006人の平均保有スキル数は3.2である。取締役の属性別では，社内取締役の保有スキル数が3.4であるのに対し，社外取締役は2.9とやや少ない。Adams *et al.*［2018］による米国企業の調査[27]によれば，米国企業の社内取締役の保有スキル数は3.0，社外取締役は3.3であった。日本企業では社外取締役よりも社内取締役の保有スキル数が多い結果となったが，この理由は，日本企業がスキル項目として「製造」「販売」「営業」「品質管理」「ロジスティックス」などといった業務執行に関する項目を設定していること

図表5-3　取締役（候補者）の保有スキル数（2021年6月株主総会）

	人数（人）	保有スキル数			
		最小	最大	平均値	中央値
社内取締役	1,740	1	10	3.4	3
社外取締役	1,266	1	9	2.9	3
男性取締役	2,869	1	10	3.3	3
女性取締役	137	1	6	2.7	2
計	3,006	1	10	3.2	3

（注）候補者の性別が招集通知に記載されていない場合には，氏名・顔写真で判断した。
出所：各社の招集通知より筆者作成

---

27 2010年〜2013年をサンプル期間として3,218企業・年（企業数では1,031社）の延べ29,209人（頭数では8,990人）の取締役のスキル情報をプロクシー・ステートメントからテキストマイニングによって収集している。この29,209人の内訳は社内取締役4,462人，社外取締役24,747人であり，同一の人物が別々の企業で取締役に就任している場合には別サンプルとして収集されている。

が多く，学識経験者や弁護士，会計士など企業実務の経験がない社外取締役の保有スキル数が相対的に少なくなるためであると思われる。男女別では男性取締役の3.3に対して，女性取締役は2.7である。女性取締役は社外取締役である場合が多く，企業実務の経験がない人物も含まれているために保有スキル数が相対的に少なくなっている。

次に，採用されているスキル項目別の保有率を示したのが**図表5-4**である。**図表5-4**は企業別のスキル項目採用率と，そのスキル項目を採用している企業における社内・社外取締役別のスキル保有率を示している。

経営経験や財務・会計に関するスキルはほとんどの企業がスキル項目として採用している。その後に法務，国際性，営業・マーケティング，研究・開発と続いている。経営経験については社内者では保有率は70.9％，社外者は62.5％である。社内取締役であっても約

図表5-4　主要スキルの保有比率（2021年6月株主総会）

	採用率 （企業別）	取締役の平均保有率		
		全体	社内	社外
経営経験	97.7%	67.4%	70.9%	62.5%
財務・会計	96.8%	32.2%	32.0%	32.6%
法務	81.6%	24.5%	20.6%	29.8%
国際性	75.9%	43.7%	44.1%	43.2%
営業・マーケティング	63.2%	29.2%	37.1%	18.2%
研究・開発	60.6%	23.7%	29.8%	15.1%
人事・人材開発	42.0%	15.3%	16.6%	13.6%
IT・DX	36.5%	12.1%	13.3%	10.6%
ESG・サステナビリティ	34.8%	17.3%	16.6%	18.3%
業界知見	26.7%	15.5%	21.4%	7.3%
ガバナンス	16.1%	9.7%	9.1%	10.5%
金融	12.6%	5.1%	4.9%	5.4%
事業戦略	10.1%	5.3%	6.5%	3.6%
リスク管理	8.9%	4.6%	3.9%	5.6%

（注）「法務・ガバナンス」「法務・リスク管理」などはすべて「法務」に集約している。
出所：Adams *et al.* [2018]，Table 3を参考に筆者作成

３割は経営経験を保有していないことがわかる。コーポレートガバナンス・コードでは「独立社外取締役には，他社での経営経験を有する者を含めるべきである」（補充原則4-11①）とされているが，これは社内取締役にも当てはまりそうである。財務・会計については社内・社外者ともに保有率は約32％となっており，保有率が低い。これは**図表5-2**と整合的である。ただし，日本では事業報告の記載事項として「会社役員のうち監査役，監査等委員又は監査委員が財務及び会計に関する相当程度の知見を有しているものであるときは，その事実」と会社法施行規則121条９号で定められている。この条文とスキル・マトリックスとは基本的には関係ないのであるが，「相当程度の知見を有し」という文言が会社法施行規則の中で明記されているためにスキル・マトリックスで財務・会計スキルに「○」を付けることをためらってしまうという意見を何人かの実務担当者から聞いた。

4．日米企業の取締役スキルの比較

　米国では2010年２月にRegulation S-Kが改訂され，2009年12月以降に終了する事業年度から，取締役（候補者を含む）が当該企業の中で発揮する経験，資格，属性，スキル等（以下，スキル）を開示することが項目401(e)で求められている。項目407(c)(2)(v)では，指名委員会が取締役候補者を選定する際に考慮している（スキルを含めた）ダイバーシティの方針を示すことが求められている。つまり，項目407(c)(2)(v)に従って取締役に求めるダイバーシティを表明し，取締役が実際に保有している経験やスキルを項目401(e)に従って開示することとなる。なお，項目401(e)の中ではスキル・マトリック

スの作成は求められておらず，開示の形式は企業の判断に任されている。

　本章ではこれまでの章と同様に米国企業と日本企業との比較を行う。米国企業はダウ30企業およびNYSE・NASDAQ上場会社（ともに投資信託，REIT等を除く）である。前章までは役員報酬や委員会活動などの法定開示項目の調査であったために全上場会社を時価総額順に1/20に圧縮して調査を行ったが，本章で調査するスキル・マトリックスは任意開示項目となるため，調査サンプルを確保するために圧縮率をこれまでの1/20ではなく1/10に変更して調査対象を拡大した。なお，NYSE・NASDAQ企業を時価総額の平均値を基準にして時価総額上位企業と下位企業とに分類している点では他章と同様である。その結果，スキル・マトリックスを確認できたのはダウ30企業26社，NYSE・NASDAQの時価総額上位企業53社（開示率26.8%），同下位企業18社（開示率8.9%）となった。

　日米企業のスキル・マトリックス情報を比較したものが**図表5-5**，横軸にスキル項目数，縦軸に取締役1人当たり保有スキル数をとって各社をプロットしたのが**図表5-6**である。

　図表5-5を見ると，日本企業はスキル項目数とスキル保有数において相対的に少ないということがわかる。スキル項目数では日本企業7.3に対して，米国企業は9〜10である。1人当たり平均スキル保有数も日本企業の3.2に対して，米国企業は6〜7である。日本企業は項目数も少ないが，それ以上にスキル保有数が少ないことがわかる。また，**図表5-6**からは，日本企業はスキル項目数・保有数

図表5-5　日米企業のスキル・マトリックスの概要

		スキル項目数		取締役1人当たり 保有スキル数	
		集計社数		集計人数	
日本企業		348社	7.3	3,021人	3.2
米国企業	ダウ30	26	9.2	296	6.2
	時価総額上位	53	10.8	557	7.0
	時価総額下位	18	8.9	163	6.1

出所：筆者作成

ともにまとまった集団となっているが，米国企業は相対的にバラつきが大きいことがわかる。換言するならば，米国では各社各様にスキル・マトリックスを作成していると言えよう。

　実際に米国のスキル項目数の多い企業では自社の取締役に期待されているスキルにユニークな項目を設定していることも多い。たとえば，米国企業の中でも他社と比べてスキル項目数の多いDentsply Sirona社では「Dentsply Sirona社の歴史および業界について広範な知識があるか」，同じくスキル項目数が多くエネルギー事業に携わるPG&E社では「山火事についての知識・経験があるか」「天然ガスに関する知識・経験があるか」など他社にない独自のスキルを設定している。

　ただし，繰り返しになるが，これは日本企業の取締役の能力（スキル）が劣っており，米国企業の取締役が勝っていることを意味するわけではない。日本企業は2021年の招集通知で初めてスキル・マトリックスを開示した企業も多く，作成現場は手探り状態であったところも多いと聞く。今後，年数を重ねるごとにより自社に合ったスキル・マトリックスへと修正していく企業も増えるであろう。実際に，『ビジネス法務』（2021年10月）に収録されているスキル・マ

図表5-6　スキル項目数と1人当たり保有スキル数

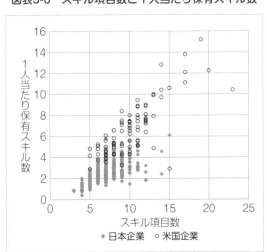

出所：筆者作成

トリックスの導入実例の中で日本ユニシスの担当者は「スキル項目については，基本的な事項も揃える関係上，他社との差別化については難しい面もあるが，今後，より当社らしさを表現できるような内容にしていければと考えている」（67頁）と述べている。

5. 財務・会計スキルでの検証可能性

　本章では取締役のスキルに焦点を当てた。日本企業ではスキル項目数も1人当たりスキル保有数も米国企業よりも少ない傾向があり，とりわけスキル保有数でその傾向が顕著であった。ただし，これは日本企業の取締役の能力が劣っていることを意味するわけではない。日本では2021年が実質的なスキル・マトリックスの開示元年であった。各社が模索しながら初めて作成する中で，他社の様子見，あるいは控えめな開示を行った可能性がある。そこで次章では，欧米企業と日本企業とで取締役の保有率においてもっとも差が開いている財務・会計スキルを対象として，スキル「あり」と判断する基準が日米企業でどの程度違っているのかを明らかにする。財務・会計スキルであればその保有根拠を客観的に集計・分類できる余地が大きいと思われる。もし同じような基準を採用していながら，それでも日本企業の取締役の保有率が低いのであれば，それは実際に取締役の能力が財務・会計という面で劣っている可能性を示唆する。一方で，日本企業がより厳格な基準でスキルありの判断基準を設けているのであれば，今後はその判断基準の妥当性を再検証して自社により合ったものへと修正することも視野に入れてよいであろう。

第6章

スキルの保有根拠

―財務・会計スキルを手がかりに―

報酬	＝	責務	×	能力
1・2章		3・4章		5・6章

1. 財務・会計スキル保有率の日米比較

　本章ではスキル「あり」と判断する基準が日米で異なっているかどうかを探っていく。この作業を抜きにして取締役のスキルの各国比較をすることはできない。我々が焦点を当てたのが財務・会計（finance & accounting）スキルである。

　前章の**図表5-2**で示したように，各国企業の多くが採用している主要スキルの中でも，日本企業の取締役の保有率が相対的にもっとも低いのが財務・会計スキルである。米英EU企業での保有率は約75%，つまり取締役が10人いたら7～8人は財務・会計スキルを保有していることとなる。一方で日本企業の保有率は40%弱であり，10人のうち3～4人が保有しているという状況である。また，財務・会計スキルであればその保有根拠を客観的に集計・分類できる余地が大きいと思われる。そこで本章では2020年度のデータを用いて財務・会計スキルに「○」が付いている取締役を抽出し，その理由（根拠）を再調査した。

　まず，日米企業のスキル・マトリックス開示企業の中で，スキル項目として財務・会計スキルが設けられている企業を抽出した。その後に財務・会計スキルに「○」が付いている取締役の経歴をデータベース化した。調査したサンプルは第5章第3節と同一であり，米国はダウ30企業，NYSE・NASDAQの時価総額の上位企業および下位企業の3つのカテゴリーで集計している。その結果が**図表6-1**，**6-2**である。

図表6-1　財務・会計スキルの保有率

		社数	1社当たり取締役数（A）	1社当たりスキル保有者数（B）	財務・会計スキル保有率（B/A）
日本企業		335社	8.7人	2.9人	33.5%
米国企業	ダウ30	26	11.4	7.8	68.4
	時価総額上位	53	10.5	7.0	66.7
	時価総額下位	18	9.1	7.6	83.5

出所：筆者作成

図表6-1より日本企業でのスキル保有率は33.5％，米国企業では
やや幅があるものの66.7％～83.5％という状況である。米国企業で
は時価総額下位企業においても財務・会計スキルの保有率が高く，
規模（時価総額）による影響は少ないようである。また，保有率の
分布を示した図表6-2からは，日本企業は平均値のあたりに集中し
ているのに対して，米国企業では保有率100％，つまり取締役の全
員が財務・会計スキルを保有している企業がもっとも多く，分散が
大きいことがわかる[28]。なお，取締役を社内取締役と社外取締役に
分けて集計した場合にもほぼ同じ結果となっている[29]。

2. 財務・会計スキルの保有根拠

　次に，日本企業の取締役が財務・会計スキルを実際に保有してい
ないのか，それとも，日本企業が保有しているかどうかの判断基準
を厳しく設定しているのか，それを明らかにする必要がある。
　そこで我々は，日本企業では招集通知や統合報告書などの開示資
料を，米国企業はプロクシー・ステートメントとアニュアル・リポ

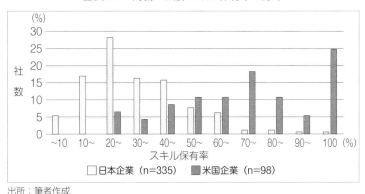

図表6-2　財務・会計スキル保有率の分布

出所：筆者作成

---

28 標準偏差は日本企業1.8，米国企業2.9である。
29 日本企業の社内取締役の財務・会計スキル保有率が32.0％であるのに対し，社外取締役は
32.6％であった。米国企業では社内取締役は69.4％，社外取締役は74.3％であった。

ートを中心に取締役の選任理由およびスキル保有根拠の記載をデータベース化し，財務・会計スキルの保有根拠として16のカテゴリー[30]を設けてスキル保有取締役の全員を分類していった。たとえばA社に財務・会計スキルに「○」が付いているX氏とY氏がいたとする。X氏の保有根拠には「米国地域統括会社では最高財務責任者（CFO）を務めるなど，財務会計に関する高い見識を有しています」と記載されており，下線部を根拠に「CFO経験」というカテゴリーに分類した。同じくY氏については「長年にわたり，経理・経営企画・IRなどのコーポレート部門での要職及び欧州地域統括会社社長を歴任し，グループ経営に関する豊富な経験を有しています」と記載されており，財務・会計スキルの保有根拠は下線部を参考に「財務経理経験」と分類した。集計結果が**図表6-3**である。

　図表6-3を見ると，日本企業の取締役のスキル保有根拠の１位は「金融機関出身」であり，米国企業は「他社取締役経験」であった。ある意味で，伝統的にリレーションシップ重視のコーポレート・ガ

図表6-3　財務・会計スキルの保有根拠

	日本企業	米国企業		
		ダウ30	時価総額 上位	時価総額 下位
取締役数（延べ）	1,043人	202人	238人	97人
根拠理由１位	金融機関出身 (10.5%)	他社取締役経験 (44.8%)	他社取締役経験 (22.3%)	他社取締役経験 (18.6%)
２位	財務経理経験 (8.6%)	金融機関出身・ CFO経験 (8.0%)	CFO経験 (14.3%)	CFO経験 (16.5%)
３位	公認会計士 (7.8%)		官公庁・公的機 関出身 (8.8%)	MBA取得 (10.3%)
４位	他社取締役経験 (6.4%)	財務経理経験・ MBA取得 (4.5%)	公認会計士 (5.5%)	公認会計士 (8.3%)
５位	CFO経験 (4.3%)		金融機関出身 (4.2%)	会計学修士号 取得 (5.2%)
理由の記載なし	60.6%	31.7%	44.5%	50.5%

（注）カッコ内は当該保有根拠を持つ取締役の比率。１人で複数の根拠がある場合もあるため合計は100%とはならない。
出所：筆者作成

---

30 公認会計士，税理士，会計学修士号，会計学博士号，弁護士，CFA・証券アナリスト，MBA，教授，CFO経験，財務経理・監査役経験，会計事務所出身，監査委員会，コンサルティング経験，金融機関，官公庁・公的機関出身，他社取締役経験の16カテゴリーである。

バランスを重視してきた日本企業と，株主の代表として独立性とプロフェッショナリズムを重視する米国企業とのコントラストが現れた結果とも言えるであろう。また，米国ではMBA取得や会計学修士号取得といった学歴を根拠とする傾向があるが，日本企業では学歴ではなく公認会計士や税理士といった資格を根拠にする傾向がある。ただし，日本企業では保有理由の根拠が明確ではなく，我々の判断基準で「理由の記載なし」に分類したケースが約60％となっている。米国企業でも時価総額の下位企業になると記載があいまいになる傾向があるが，それでも日本企業よりは記載が具体的になされている。また，米国企業の記載の特徴として，「金融機関に○年勤務していた」，「CFOを○年以上勤めている」といったように具体的な数字を記載していることが挙げられる[31]。

　さらに我々は2つの追加調査を行った。1つは監査（等）委員の取締役および監査役で財務・会計スキル保有者の場合の保有根拠の調査，もう1つが財務・会計スキルを保有するCEOの保有根拠の調査である。前者については，監査（等）委員の取締役および監査役は他の取締役とは異なるスキル保有根拠を持っているかどうかを確かめるためであり，後者についてもCEOを対象にして同様の問題意識のもとで調査を行った。その結果，監査（等）委員の取締役・監査役とその他の取締役とで財務・会計スキルの保有根拠に違いは見られなかった。CEOについても**図表6-3**と異なる結果は得られなかった。といっても，日米企業ともにCEOのスキルについて財務・会計に焦点を当てて具体的に記載している企業はほとんどなく，CEOについては調査できなかった，と言った方が正確であろう。

　これらの結果を踏まえると，日本企業は金融機関出身であったり財務経理部門の経験がある場合には財務・会計スキルがあると判断している一方で，米国では経営経験（他社での取締役経験）がある

---

31 もちろん，日本企業でも取締役の略歴まで参照すれば就任年数もある程度把握することができるであろうが。

ことをもって財務・会計スキルがあると判断しているようである。財務・会計に関する知見がなければそもそも経営などできないのだから，他社経営経験があるということは財務・会計スキルを有することと同義である，という発想が背景にあるのかもしれない。したがって，会計に関する資格等を持っていなくても経営経験があれば財務・会計スキルがあると判断している米国の方が，判断基準が緩やかであるとも言えるかもしれないが，そもそも両国では異なる考え方のもとでスキルの有無が判断されており，比較はできないという表現が適切かもしれない。

　日本では会社法施行規則121条9号の定めによって「会社役員のうち監査役，監査等委員又は監査委員が財務及び会計に関する相当程度の知見を有しているものであるときは，その事実」を事業報告の中に記載しなければならない。法定開示である事業報告と任意開示であるスキル・マトリックスとは別々のものではあるが，会社法施行規則の中で「相当程度の知見」と述べられているために，スキル・マトリックスの中でも会計士等の有資格者に限定してスキル「あり」と判断しているのかもしれない。ただし，その人物の保有資格は招集通知や有価証券報告書に記載されている経歴を見ればすぐにわかることが多い。よって，スキル・マトリックスではその人物の実際の能力を記載していく方がよいのではなかろうか。職業的専門家である社外役員が果たすべき役割についての対談で，弁護士の國廣正氏は「「資格の看板」ではなく，「生（なま）の自分」で勝負することが重要であると思います」（社外役員会計士協議会特別対談[2021]，13頁）と述べているが，記載される役員側としても実際の能力で評価された方が自身の発揮すべき能力・役割をより明確に意識することができるかもしれない。

3. スキル・マトリックスの改善点

2022年6月株主総会の招集通知では，プライム市場の上場会社のほとんどがスキル・マトリックスを開示しているが，これらの開示企業の特徴から以下のような作成上の留意点が浮き彫りになる。

（1）そのスキルを求める理由の記載がない

日本企業の多くはスキル・マトリックスを招集通知の中で開示しているが，「取締役候補者の専門性とスキル」，「社外取締役の多様性」といったような表現で，取締役候補者の個別紹介のすぐ後に参考情報として記載されている。しかしながら，そもそもなぜそのスキルが自社にとって必要なのか，なぜそのスキルを自社で発揮してもらいたいのか，その理由が書かれていない。たとえば，M&Aを積極的に行っているのでM&A経験が豊富な取締役を重視している，海外展開を積極化させているので社外取締役には海外経営経験を活かしてもらいたい，といったように経営戦略と結び付けながら，取締役に何を期待するのかを明らかにすることがまずは必要である。そのうえで，その求めるスキルをスキル・マトリックスの項目に設定し，各取締役が当該スキルを持っているかどうかを記載する必要があるが，残念ながら現状では自社で発揮してもらいたい取締役の経験・スキルに関して具体的に記載しているケースは稀である。この点については次章で詳しく述べる。

Adams *et al.*［2018］の調査によれば，米国企業の複数社で取締役に就任している人物を対象に，複数社のそれぞれで記載されているその人物のスキルの記載重複度を測定したところ，重複度は62.4

％であった。つまり，同一人物であっても各社ごとにその人物に発揮してほしいスキルが異なるため，複数企業間でスキル記載が完全に一致するわけではない。このことはスキル・マトリックスが単にその人物の履歴書を開示しているわけではないことを意味している。2021年6月に再改訂されたコーポレートガバナンス・コードにおいても，経営戦略に照らして自らが備えるべきスキル等を特定したうえで，スキル・マトリックス等を用いた説明が求められているのである（補充原則4-11①）。

（2）スキルの広がりだけを重視しない

　スキル・ダイバーシティについての誤解が一部であると思われる。取締役会がさまざまなスキルを"広く薄く"持つ必要はない。換言するならば，スキル・マトリックスを作成する際にはいくつもの多様なスキル項目を設定し，各取締役の保有スキルを散らしながら全スキル項目に万遍なく「○」を付ける必要はない。Adams *et al.*［2018］の研究でも，取締役のスキルが分散している企業よりも，その企業にとっての「コモン・スキル」を持つ取締役が十分に確保されている方が企業価値（トービンQ）が高まると報告されている。つまり，各取締役それぞれが共通して保有しているコモン・スキルがあった方が取締役間のコミュニケーションがより円滑になされると解釈できる。逆に，自分以外の取締役が保有していないユニーク・スキルを持った取締役ばかりであると，議論のまとまりを欠いてし

図表6-4　バランスのよいスキル・ダイバーシティの概念図

出所：筆者作成

まう可能性がある。

　日本企業の実際の例であるが，ある年からM&Aコンサルタント
を社外取締役に迎えた企業が，その年からスキル・マトリックスに
「M&A」という項目を新設した。なぜ「M&A」という項目が必要
になったのかの説明はなく，うがった見方をするならば，その人物
に付く「○」を増やすために意図的にスキル項目を追加したのでは
ないかと思われても仕方がないであろう。スキル・ダイバーシティ
と聞くと，どうしても〝広く薄く〟というイメージになりがちだが，
それはコモン・スキルに過度に偏重しない，という意味である。過
度に画一的でもなく，過度に多様でもなく，自社にとって望ましい
と思われるバランスでスキル・ダイバーシティを達成する必要があ
る（**図表6-4**）。

　前章の**図表5-2**で示したように，日本企業は「経営経験」「国際性」
のスキル保有率では米英EU企業とそれほど変わらないが，財務・
会計スキルの保有率が劣っている。よって，経営経験や国際性とい
ったコモン・スキルを重視していく姿勢は崩すことなく，今後は財
務・会計スキルを自社で発揮してもらえる人材を取締役として求め
る，といった多様性の確保が求められている。そのために，すでに
述べたように自社で発揮してもらいたいスキル，自社にとって重要
なコモン・スキルの特定化の検討から始めることになるであろう。

4. スキル以外のダイバーシティにも目配りを

　最後にその他のダイバーシティについても若干の考察をしたい。
日本ではダイバーシティの中でもジェンダーに注目が集まる傾向が
ある。政府がジェンダー平等に関する政策を率先して掲げているこ

とも背景にあると思われるが，ダイバーシティはジェンダーだけに限定されない。スキルはもちろんのこと，年齢，在任期間なども取締役ダイバーシティの重要な視点となる。欧米企業ではこれら複数のダイバーシティの状況を開示している企業も多い[32]。

（1）ジェンダーのダイバーシティ

　日本企業のジェンダー・ダイバーシティが他国ほど進んでいないことはさまざまな資料で明らかにされているが，円谷研究室の調査でも同様の結果が得られている。また，取締役全体の女性比率を高めたいがゆえに，女性を社外取締役として積極的に選任しているものの，社内取締役の女性比率は依然として低いという結果も報告されている。松田［2021］によれば，取締役会に占める女性社外役員の割合が約3.7％であるのに対し，業務執行に占める女性執行役員の割合は1.2％にとどまるとしている。久保ほか［2021］も東証1部企業の平均女性取締役比率5.4％に対して，業務執行役員では2.5％としている。今後，社内取締役の女性比率，さらにはその予備軍である執行役・部門長クラスの女性比率をいかに高めていくかが中長期での日本企業の課題となっている。再改訂されたコーポレートガバナンス・コードでは新設された補充原則2-4①において「上場会社は，女性・外国人・中途採用者の管理職への登用等，中核人材の登用等における多様性の確保についての考え方と自主的かつ測定可能な目標を示すとともに，その状況を開示すべきである」と述べられており，この課題への対策を促している。

---

32 民族や宗教，LGBTのダイバーシティを開示している企業は欧米の主要企業でも多くはなく，「そこまで個人の情報を開示する必要があるのか」という議論もある中で，いまだ模索中というところであろうか。

（2）年齢・在任期間のダイバーシティ

PwCグループのstrategy&による「2018年 CEO継承調査」（2019年6月）によると，2018年の日本企業の新任CEOの年齢（中央値）は60歳であり，米国・カナダの54歳，西欧の51歳と比べて高齢である。CEOに限定せず，取締役全体の年齢および在任期間の各国比較が**図表6-5**である[33]。

日本企業の取締役の特徴として，米英EU企業と比べて平均的にやや高齢であることがわかる。これは独立社外取締役に限定するとより顕著である。おそらく，実務家の読者であればこれらの結果は腑に落ちるものではなかろうか。同業他社との横並び意識や"社格"の意識から，社外取締役の候補者には他社での代表取締役（またはその経験者）や著名人が選ばれる傾向がある。このような候補者はどうしても高齢になってしまう。このような功を成した社外取締役を招聘しようとすれば，どうしても役員報酬が高額になる。そのことが第1章で明らかにしたような日本企業の社外取締役報酬の高額化の1つの原因であると筆者は考えている。

在任期間に関しては，日本企業の取締役の在任期間が相対的に短く，米国と比べると半分以下，英EUの3分の2弱であることがわかる。在任期間の短さについては「伊藤レポート」の中でも「社長の在任期間が暗黙の慣行で4〜6年と比較的短くなっており，経営成績に関わらずこの期間は固定化している」（2頁）とされている。

図表6-5　取締役の年齢・在任期間の各国比較

	年齢（歳）				在任期間（年）			
	日本	米国	イギリス	EU	日本	米国	イギリス	EU
全取締役	62.9	62.1	59.0	62.3	3.2	7.9	5.6	5.1
独立社外取締役	65.6	62.1	61.0	63.4	2.7	7.9	4.9	5.2

（注）日本企業はTOPIX Core30採用銘柄。他国のサンプルは第5章脚注23と同じ。
出所：円谷［2021］，図表2．

---

33 図表6-5は現任の取締役を調査したものであり，退任済の取締役を調査した場合には在任期間はより長くなることに注意が必要である。年齢については，取締役の就任時や退任時など調査の基準をどこに置くかによって結果が変わってくる。

これは他の取締役についても同様であり，4〜6年での定期的な交代が行われていることが在任期間の短さにつながっているものと思われる[34]。ジェンダー・ダイバーシティの結果も加味すれば，平均的な日本企業では，やや高齢の男性が取締役の椅子に短期間だけ代わるがわる座る，という実態が浮き彫りとなってくる。

5. 日本が挑まなければならない課題

(1) 日本の社外取締役に内在する問題

　第2章で引用した武井一浩氏による独立役員の定義「要はモノを申してクビになっても大丈夫な人」(武井［2013］，14頁)に筆者(円谷)は賛同するが，第一線を退いた人材にとっては社外取締役の報酬は魅力的に映るかもしれない。そして，いかにして来期も再任されるかを第一に考えるようになると，独立性が実質的に失われる可能性すらある。もちろん，第一線を退いた方には十分な資産があるだろうし，それまでの経験を活かして大所高所から意見ができる，という指摘もあるであろう。しかしながら，社外取締役の高齢化も問題となる中で，第一線でいまだ活躍中の，したがって本職での収入が確保されている人材を社外取締役として選任することで，報酬高額化の歯止めと年齢のダイバーシティ確保の双方を達成できる可能性がある。さらには，他社で社外取締役経験を積んだ後に自社でCEOになった場合には自社の業績をより高められるという研究も報告されている（Masulis & Mobbs［2011］)。日本流で言えば，他流試合を積んだ剣士の方が強い，とでも表現できるだろうか。そうした他流試合を若い現役世代に体験させる制度を作っていくことが

---

[34] 米国の実証研究では，企業や業種によってもちろん異なるが，平均するとCEOは在任7〜8年の間は業績を向上させられるが，それ以降は自己満足や自信過剰によって業績を棄損させるようになると報告されている（Miller & Shamsie［2001］など)。

求められている。

　また，「社外取締役を増員したいが，当社の事業・技術を理解している人材が見つからない」という声を耳にすることがある。社外取締役の在任期間を延ばすことで，取締役の就任時点では当該企業・業界に関する知識が少ないとしても在任期間にわたって精通してくるであろうし，長く在任するということが事前にわかっているのであれば，社外取締役自身も当該企業・業界に関する知識習得をより積極的に行うのではなかろうか。在任期間の1つの目安は7〜8年であろう（脚注34参照）。ただし，社外取締役の在任期間を延ばすのであれば，社内取締役の在任期間も同様にすべきであろう。となると，現行なされているような比較的短期間での定期的な交代という暗黙の日本的慣行を打破する必要がある。これは一筋縄では決していかない，言うは易く行うは難しの決断である。

　「日本人」「男性」「年輩」という画一性のもとでの意思決定がシステムとして劣化しているのかどうかを実証する力は筆者にはないが，高齢の経営者は積極的な設備投資やレバレッジを効かすことを好まず，一方で現預金を貯めたがる傾向があり，業績も相対的に劣るという実証研究もある（Bertrand & Schoar［2003］）。筆者は「日本人」「男性」「年輩」という属性それ自体を批判・否定するつもりは毛頭ない。こうした属性の人材を十分に活用しつつ，他の属性を参画させて多様化を推し進めることが重要である。これは企業だけの課題ではなく，日本社会全体の課題であろう。ではどのようにして社外取締役人材の裾野を広げていくのか。これについては，参考になる取り組みが米国で行われている。

（2）社外取締役の裾野の拡大を

　今後，社外取締役の報酬の高額化を抑えながら委員会での活動や開示を拡充し，さらには機関投資家との対話で前面に出る機会を増やしていくとなると，当然ながらなり手不足の問題が浮上してくる。第一線で活躍中の人材にとって他社の社外取締役を務める時間的制約はより厳しくなるであろうから，社外取締役の候補者の裾野を広げる必要がある。

　日本では日本取締役協会や上場会社役員ガバナンスフォーラムなどが社外取締役の斡旋を行っている。日本取締役協会がホームページで開示している情報によると，現在の登録者は300名程度であり，過去の紹介実績は36名（2013年10月以降）とのことである。単純計算で年4〜5名という感じである。やはり双方の情報の非対称性が大きいことがこの人数にとどまる理由なのかもしれない。では日本企業はどのようにして社外取締役の候補者を探してくるのか。日本監査役協会「役員等の構成の変化などに関する第21回インターネット・アンケート集計結果（監査役（会）設置会社版）」（2021年5月）によると，自社の社外取締役との関係は「会社の資本・取引関係」が22.0％，「CEO・役員の個人的知己・友人」が21.9％となっており，資本・取引関係先や現役員の知人から選ばれてくる傾向がある[35]。やはり，お互いをある程度知っている，つまり双方の情報の非対称性が大きくないことが採用のハードルを下げるのであろう。

　他国でも同様の問題を抱えていると思われるが，どう対応しているのであろうか。米国を例にすれば，ニューヨーク証券取引所が取締役会のダイバーシティ向上のために2019年からNYSE Board Advisory Councilを設置し，社外取締役の候補者を新たな社外取締役を必要とする企業とつなげる取り組みを行っている[36]。Board

---

35 「会社と全く無関係」は33.6％である。ただし，監査等委員会設置会社版アンケートでは「会社と全く無関係」は38.7％，指名委員会等設置会社版アンケートでは54.2％と，会社と関係がない社外取締役が増加する傾向が見て取れる。

36 この取り組みを筆者が知ったのは大崎貞和「内外資本市場動向メモ」No.21-06（2021年8月11日）による。

Advisory CouncilはNYSE上場25社のCEOで構成され，社外取締役を求める企業への候補者の紹介やイベントの開催を行っており，2022年の時点で300人の社外取締役候補者が登録されているそうだ。また，第3章で紹介した米VISA社のように，株主総会に取締役候補者を推薦したい株主向けのメッセージと手続とをプロクシー・ステートメントに明記し，広く人材を募る企業もある。これらの取り組みは，企業と候補者との情報の非対称性の拡大を抑えつつ，候補者人材の裾野を広げるものである。また，シアトルを本拠として日本株式に集中投資しているタイヨウ・パシフィック・パートナーズに筆者がインタビューした際には，同社が投資するポートフォリオ企業の中によい人材がいれば他のポートフォリオ企業に社外取締役候補者として紹介をすると述べていた。それによってポートフォリオ全体の価値が上昇する可能性もある。こうした取り組みを企業，株主・投資家，証券取引所などが重層的に整えていけば，社外取締役のなり手は十分に確保できると筆者は考えている。

第7章

社外取締役の
企業パフォーマンスへの効果

1. 社外取締役の責務と効果

　これまで日本の社外取締役の活動について課題を挙げてきた。ただし，一連のコーポレート・ガバナンス改革によって日本企業の社外取締役の人数は確実に増加してきている（**図表2-1**を参照）。ではこうした社外取締役の導入は，会計利益や株式指標といった企業のパフォーマンスに影響を与えているのであろうか。これが本章の問題意識である。

　この問いに答える前に，まずは社外取締役の機能・役割を整理しておこう。社外取締役に期待される機能として監督（モニタリング）と助言（アドバイザリー）があると言われることが多い。ただし，両者の優先順位については見解の相違がある。日本取締役協会が公表した「社外取締役・取締役会に期待される役割について（提言）」（2014年3月）では，社外取締役の主たる職務は「経営者（業務執行者）の「監督」である」と冒頭で明確に述べられている。一方，2015年6月に東京証券取引所が公表した「コーポレートガバナンス・コード」の原則4-7「独立社外取締役の役割・責務」では，その役割・責務の第一に「経営の方針や経営改善について，自らの知見に基づき，会社の持続的な成長を促し中長期的な企業価値の向上を図る，との観点からの助言を行うこと」と述べられており，「監督」はそれに続く第二の役割・責務として記載されている。このように監督機能と助言機能とでどちらが優先されるかについては見解の相違がある。

　実際に監督と助言のどちらの機能がより発揮されているかは実証研究による検証結果が参考になるであろう。監督機能が発揮されているのであれば経営の信頼性の向上にともなって資本コストの低減

やそれによる株式指標の向上が観察できるであろうし，助言機能が発揮されているのであれば利益などの会計パフォーマンスの向上が観察されるであろう。もちろん双方が観察されるかもしれない。江頭憲治郎教授はコーポレート・ガバナンスの手法として，①株主の権利に関する事項，②株主以外のステークホルダーの取扱いに関する事項，③情報開示に関する事項，④取締役会・監査役会に関する事項に整理したうえで，①から④の事項を改善することで「株主から見た"会社の不確実性"を低減させることは明らかであり，したがって，株主が会社に対して要求するリスク・プレミアムは，低下するであろう」（江頭［2016］，110頁）と述べている。一方で「①から④の事項の改善と「会社の持続的な成長」，たとえば残余キャッシュ・フローの増加とは，直ちに結びつくものではないように思われる」（同）とも指摘している。江頭教授の説によれば，社外取締役の選任によってこの①〜④が改善されたとしても，その効果はリスク・プレミアム低減には結びつくもののキャッシュ・フローには影響を与えないかもしれない。では実際にはどのような影響が生じているのか。それは実証研究の結果が示唆を与えてくれる。

2. 実証研究の結果

（1）先行研究のサーベイ

　日本企業を対象にして，社外取締役と企業パフォーマンスとの関係を検証した実証研究をサーベイした（**図表7-1**）。**図表7-1**では分析期間の最終年が若い順に論文を並べている。たとえば論文番号1のMiwa & Ramseyer［2005］の分析期間の最終年は1994年であり，

図表7-1　社外取締役と企業パフォーマンスの検証結果

論文番号	著者	分析期間	分析サンプル	観測数
1	Miwa & Ramseyer [2005]	1986〜1994年	東証1部（銀行除く）	1,029
2	宮島ほか [2004]	1986〜2000年	東証1部継続上場（金融・公益除く）	9,285企業・年（1,385社）
3	Yoshikawa & Phan [2003]	1999〜2000年	筆者所属団体が行ったアンケートに回答した製造業	262
4	大柳・関口 [2001]	2000年	筆者所属団体が行ったアンケートの回答企業（1部上場）	449
5	宮島ほか [2003]	2002年	非金融業へのアンケート回答企業	631
6	宮島・新田 [2006]	1998〜2004年	東証1・2部非金融	12,327企業・年
7	三輪 [2006]	2004年度	東証1部	1,394
8	内田 [2009]	2003・04年度に社外取を増加させた企業の3年後の業績	東証1部	244社（うち初導入191社）
9	齋藤 [2011]	1997〜2007年	この期間に一度でも日経500に入った企業（金融，親会社有を除く）	3,702社（複数モデル）
10	入江・野間 [2008]	2007年3月	東証1部・非金融・監査役設置	1,082
11	三輪 [2010]	2004〜2008年	東証1部継続上場	1,124
12	清水 [2011]	2004〜2008年	東証1部・3月決算・製造業	3,105企業・年（621社）
13	宮島・小川 [2012]	2005〜2010年	東証1部	8,226企業・年
14	金・権 [2015]	2005〜2010年	非上場会社を含む	製造業7,624，非製造7,902
15	内田 [2012]	2002〜2011年	全上場	26,769
16	武田・西谷 [2014]	2012年3月	東証1部・非金融・監査役設置・親会社なし・支配株主なし	1,214
17	Kochiyama & Ishida [2020]	2014年で社外取ゼロ企業を対象に，15・16年に導入した企業	全上場	4,119（t+1），3,761（t+2）
18	野間・藤本 [2021]	2004〜2016年	全上場・3月決算	12,539
19	森川 [2019]	2009〜2016年度	「企業活動基本調査」収録企業（非上場を含む）	37,290企業・年
20	Morikawa [2020]	2014〜2017年	全上場	8,247
21	宮島・齋藤 [2019]	2014〜2018年	東証1部	―

(注) 1つの論文の中でモデルや被説明変数の違いによって観測数や分析年が異なっていたり分析期間を区切って追加分析を行っているものもあるが，主たる分析モデルおよびもっとも長い分析期間の結果を掲載している。TFPはTotal Factor Productivity（全要素生産性），TSRはTotal Shareholder Return（株主総利回り），CARはCumulative Abnormal Return（累積残差リターン），QはTobin's Qの略である。

被説明変数	社外取変数の平均値	独立性の有無	結果	江頭説との一致
Q, TSR, ROA, ROE (経常利益), 総資産成長率	銀行出身社外取と業績の関係	不問	社外取は業績向上に結び付かず, むしろ悪化させる傾向	
TFP	社外取0.241（独自基準の社外取）	不問	TFP（および変化率）とは有意な関係なし	
ROA, TSR	2年間での社外取比率増加率	考慮	ROA・TSRともに有意な関係なし	
売上高伸び率と売上高経常利益率を足した独自スコア	―	不問	1部上場の非製造業では業績スコアと社外取が正相関。製造業では非有意	
標準化Q, 標準化ROA	社外取締役導入ダミー	不問	社外取比率はQ・ROAともに有意な関係なし	
ROA増分	社外取0.1376	銀行・支配会社派遣を除く	有意にプラスの関係	
Q	社外取0.058, 独立取0.040	考慮	社外取, 独立取ともに有意にプラス	△
Q, ROA		不問	Qは有意にプラス, ROAは有意な関係なし	○
調整ROAの変化率	0.0547	不問	非導入企業よりも導入企業の方がROAが有意に高い	
Q, ROA	全社外0.067, 独立取0.051, 非独立取0.015	考慮	Qはプラスで有意（非独立取では非有意），ROAは独立有無に関わらず有意な関係なし	○
Q, ROA	社外取0.0514, 独立取0.0369	考慮	Qとプラスの関係だが有意水準低い。ROAとは有意な関係なし	○
Q	0.07	不問	有意にプラスの関係	△
調整ROA	0.0972	考慮	調整ROAに対して有意な関係なし	△
TFP	社外取締役導入ダミー	不問	有意にプラスだが, 内生性を考慮すると有意性消失	
Q	0.101	不問	Qに対して有意な関係なし	
Q	社外取0.101, 独立取0.055, 非独立社外取0.047	考慮	社外取・独立取はプラスで有意, 非独立社外は非有意。属性では「他企業出身者」のみがプラスで有意	△
ROA, Q	0.228	不問	ROA, Qともに有意な関係なし	
Q, 調整ROA, 調整ROABEI, 配当比率	社外取締役導入ダミー	不問	Q, ROA, 配当比率が社外取導入後に向上	
翌年および2年後のROA・TFP	上場・社外取0.1567, 上場・独立取0.1162	不問と独立のみの双方で検証	（独立性に関わらず）社外取増員とROA・TFPは有意な関係なし	△
CAPEX, R&D, ROA, TFP	社外取0.1774, 独立取0.1378	考慮	社外取（独立取）比率はCAPEX, R&D, ROA, TFPと有意な関係なし	
ROA, ROE, Q	―	不問	社外取増加とROA・ROE・Qは有意な関係なし（サブサンプルでは有意性が見られるものもある）	

出所：筆者作成

論文番号が進むにつれてより最近のデータを使った研究となる。最後の論文番号21の宮島・齋藤［2019］は2018年が分析期間の最終年となっている。もちろんこれらの研究は分析期間だけでなく，サンプルの範囲，分析モデル，変数の設定，社外取締役の独立性の考慮の有無などがそれぞれ異なっており，単純に結果を比較することはできない。また，新興市場企業にはコーポレートガバナンス・コードの5つの基本原則しか適用されないが，新興市場を含んだ全上場会社をサンプルにした研究も含まれている。そうしたことを十分に理解したうえで，あえて分析結果を時系列で単純に一覧化したものである。

　図表7-1の「結果」の列で灰背景の論文は社外取締役の導入・比率と企業パフォーマンスが有意にプラスとなった論文である。粗い一覧化ではあるものの，図表7-1から大きく3つの特徴が浮き彫りとなる。まず，社外取締役の導入によって企業パフォーマンスにマイナスの影響が出たという結果は報告されていないと言ってよい。次に，分析期間によって結果が異なるということである。最後に，前述した江頭教授の指摘と一致した実証結果が複数報告されているということである。

　分析期間ごとの結果の違いに関しては大きく3つに先行研究を括ることができよう。まず1990年代から2000年前後までの日本企業を対象とした研究（論文番号1〜5）では社外取締役と企業パフォーマンスに関係があるという結果は報告されていない。ただし，この時期はまだコーポレート・ガバナンス報告書も制度化されておらず，各筆者が独自基準で社外性を判断したり，自身で実施したアンケート調査の結果にもとづいて行われた研究が多く，結果の解釈には注意が必要である。次に，2004〜2008年頃を対象とした研究（同6〜12）ではほとんどの研究においてプラスで有意な結果が報告されて

いる。しかしながら2010年以降を対象とした研究（同14～21）では
プラスの結果はあまり得られなくなっている。

（2）結果の解釈

　このような結果となった理由としていくつかの解釈ができる。社
外取締役と企業パフォーマンスの研究で前提とされることが多い両
者の関係を示したのが**図表7-2**である。齋藤［2020］によれば企業
の内部情報と経営者に対するモニタリングの２つの観点から各社に
はそれぞれ最適な社外取締役の比率があるという。社内者が多い取
締役会では経営者の監視に必要な独立性が不足してモニタリング機
能が発揮されない一方で，社外者が多い取締役会では社内者しか知
り得ない内部情報が不足しがちとなる。この２つの観点から各社に
は最適な社外取締役比率があり，最適比率よりも社外者が少ない場
合にはモニタリングが不足し，逆に社外者が多い場合には内部情報
が不足することとなる。よって**図表7-2**のようなイメージとなる。

　図表7-2はあくまでもイメージであり，各社の置かれた状況によ
ってグラフの形状はもちろん異なるが[37]，上に凸のグラフが前提と

図表7-2　社外取締役比率と企業業績の関係のイメージ

出所：齋藤［2020］図表１を一部修正

37　齋藤［2020］では「例えば，投資機会が限られ，現金を豊富に保有している成熟した企業
　　であれば，取締役に最も求められる資質は独立性であり，多くの社外取締役を設置すること
　　が最適であると考えられる。一方で，投資機会が豊富にあるが現金が不足しているスタート
　　アップのような企業であれば，内部情報が重要であり，事業について理解度の低い社外取締
　　役が増えると意思決定が非効率になる可能性がある」（５頁）と述べられている。

される。今，社外取締役比率がＡ点にある企業が社外取締役を増員してＢ点に向かった場合には企業業績が向上する。しかしながら，すでに最適比率（Ｂ点）を達成している企業がさらに増員した場合には企業業績が低下する可能性がある。齋藤［2020］によれば「日本では1997年以降，長期にわたり社外取締役に関する議論がなされ，多くの企業がコード前に自主的に社外取締役を選任してきた」（11頁）という[38]。機関投資家が議決権行使基準の中に社外取締役要件を加えるなどしたこともあり[39]，ガバナンス・コードの導入前から社外取締役の導入が日本企業では徐々に進んでいた。したがって2010年頃までに日本企業は社外取締役の最適水準に達しており，2010年以降の社外取締役の増員によって，**図表7-2**のＡ点からＢ点へ移行した企業による業績向上と，Ｂ点からさらに右に移行した企業による業績低下とが相殺されることで社外取締役と企業業績とに正の関係が観察されなくなったのかもしれない。しかしながら業績を低下させてまで社外取締役を過度に選任することは企業が合理的であれば考えられず，2010年以降に正の関係が観察されなくなった理由としては根拠が薄い。

2つ目の解釈としてガバナンス改革への企業の姿勢の違いが結果に現れた可能性がある。2003年1月にソニーが委員会等設置会社への移行をプレスリリースして話題となったように，2004〜2008年頃に社外取締役を導入した企業は"自発的に"ガバナンス強化に取り組んだ企業が中心となっており，社外取締役導入をはじめとする一連のガバナンス強化は他の企業改革の諸施策と相まって企業パフォーマンスの向上に寄与したとも考えられる。他方で，2010年代の各社のガバナンス改革は制度改変に後押しされて進展したことは否め

---

[38] 2009年12月に東京証券取引所が「独立役員を1名以上確保しなければならない」旨を「遵守すべき事項」として有価証券上場規程に定めたことを皮切りとして，2012年5月には「独立役員に取締役会における議決権を有している者が含まれていることの意義を踏まえ，独立役員を確保するよう努めるものとする」という項目が新設され，間接的表現ではあるが独立"取締役"の確保が要請されることとなり，2014年2月には「取締役である独立役員を少なくとも1名以上確保するよう努めなければならない」というより直接的な表現へと改正されている。

[39] 議決権行使助言大手のISS（Institutional Shareholder Services）は2013年に日本向けの助言基準を改訂し，社外取締役（独立性は問わない）が1人もいない場合に経営トップである取締役の選任に原則として反対を推奨するようになった。

ない（脚注38）。このような言わば"外圧"による社外取締役の導入は企業側が自ら望んで行ったとは必ずしも言い難く，導入が形式的であったために企業パフォーマンスに寄与していない可能性がある。このような企業姿勢の変化という解釈以外にも，たとえば，2004〜2008年頃に選任された社外取締役はビジネス界でも名の通った経験や知見が豊富な人材が就いたが，徐々に導入が広まっていくに従って相対的に経験や知見が劣る人材も選任されるようになったために効果が出ていないといった解釈もできるであろう。

　ともあれ，これらの実証研究の結果が示すように2010年代以降に進んだ社外取締役の導入が企業パフォーマンスの向上に寄与していないのであれば，なぜ寄与していないのかの原因の探求と，効果を出すためにはどのような施策が有効なのかという議論が求められる。

3. なぜ社外取締役が必要なのか[40]

　前々節では社外取締役に監督と助言機能が期待されていると述べたが，なぜそれらの機能を社外取締役に求めるのだろうか。換言すれば，なぜ社内取締役ではこれらの機能を発揮できないのであろうか。この問いへの一般的な回答は，指名と報酬の決定権を社長が握っているために社内取締役は委縮して社長と異なる意見を述べられないという説明である。伊丹敬之教授が唱える「性弱説」と通じる現象である。性弱説とは「組織の中の大多数の人は，ふつうの人である。能力もふつうなら，努力もふつう，感情もふつうにある人々である。それは，「性弱説」で考えた方がいい人々，といってもいいだろう。「性善なれども弱し」なのである」（伊丹［2007］，57頁）ということである。したがって，社長が持つ指名・報酬の権限から

---

40 本節はマシュー・サイド『多様性の科学』を要約したものである。

解放された独立社外取締役が求められるのである。

　取締役のスキルという視点からも説明することができる。Kanter [1977] は「不確実な状況のもとでは，人間に頼らざるをえない。そうすると，人はその人間の社会的な基盤に信頼を置くようになる。不確実性が増せば増すほど，均質なグループを作る方向への働きかけが増す」（Kanter [1977]，p.49）と述べている。自分と同質の人間に囲まれていたいというのは，自分の意見に同意してほしい（反対されたくない），自分の決定を褒めてほしいといった人間がもともと持っている欲求である。ビジネスの場面でも，たとえば相手が同じ大学や地域出身だとわかると一気に距離感が縮まることは誰もが経験したことがあるのではないか。大学や出身地が同じであれば，お互いが持つ情報や価値観，考え方などで共通する部分が多く，言葉を換えるならば"自分と似た人間"だから安心できるのである。

　図表7-3をご覧いただきたい。その企業の経営に必要な洞察力，視点，経験，考え方などの塊（範囲）を問題空間と呼ぶ（**図表7-3**の【A】～【D】の□で囲った部分）。社長1人の能力で問題空間のすべてを埋めることは通常は不可能である（【A】）。よってこの問題空間の残りの部分を他の取締役がカバーすることになる。しかしながら，人間はどうしても自分と属性が似た人間で周囲を固めたくなる。よって，社長以外の社内取締役（点線の○）が持つ知見や経

図表7-3　取締役会の理想的な構成（イメージ）

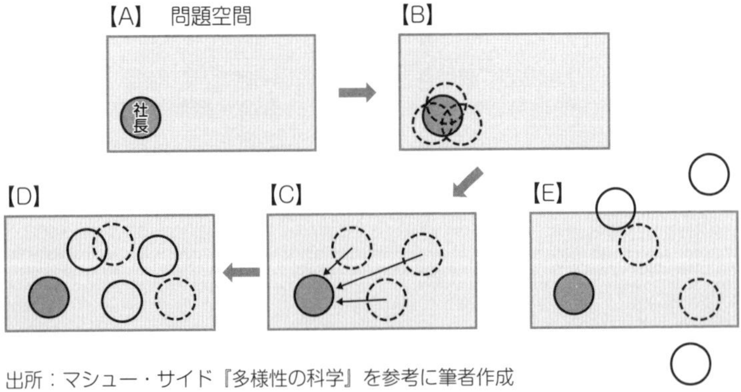

出所：マシュー・サイド『多様性の科学』を参考に筆者作成

験もどうしても社長と似たものになってくる（【B】）。強いて異なる能力を持つ社内取締役を起用しても，指名・報酬の決定権を持っている社長に対して異を唱えることができず，社長の意見に同調しがちとなる（【C】）。よって，独立性のある社外者（実線の○）も活用しながら問題空間を社内外の取締役で埋めていくわけである（【D】）。いくら個人の能力が高くても問題空間の外にあるスキルを持った社外取締役では期待される力をその企業では発揮できない（【E】）。

　この問題空間を形式知化して記述する1つの方法がスキル・マトリックスなのである。現時点ではほとんどの企業は，現任の取締役が"持っている"スキルを横軸に置いている。ただし，たとえ誰も保有していないスキルであっても，自社の問題空間を構成するスキルであればそれをマトリックスの横軸に加え，（今は「○」が誰にも付かないとしても）将来的にそのスキルを持った取締役を加えることを目指すのがスキル・マトリックスを活用することの意義である。この意味で，スキル・マトリックスは開示の問題ではなく経営の問題である。実際に一部企業ではそのような取り組みを検討していくとの発言もある（『ビジネス法務』2021年10月）。

　　「スキル・マトリックスは取締役候補者選定後に実態にあわせて作成されるケースも多いと思われるが，個人的には，その一覧性・網羅性を活かし将来の取締役候補者選定の際のスキルセットや多様性の検討資料として活用できるのではないかと考えている」（キリンホールディングス担当者，62頁）

　　「これ（スキル・マトリックス：引用者注）をもとに，取締役・監査役候補者の選定が行われるとともに，経営方針等に沿う形で，

スキルの追加や入替え等，見直しも継続的に行われる予定である」
（日本ユニシス担当者，67頁）

すでに何度も述べているが，2021年はスキル・マトリックスの開
示元年であった。2022年にはプライム市場上場会社の多くが招集通
知や統合報告書の中でスキル・マトリックスを開示している。おそ
らく開示した企業では，（スキル・マトリックスの開示は）「もう終
わったこと」と思われているのではなかろうか。あらためて自社の
問題空間について議論し，それにもとづいてスキル・マトリックス
の項目を見直し，それに合った人材を選任していくことで取締役会
の能力を高めていく必要がある。

4. 社外取締役とクリティカル・マス

（1）Kanter［1977］のフィールド調査

自社の問題空間を取締役のスキルで埋めることと同時に，もう1
つ重要な視点が社外取締役の比率である。組織の中で少数派がどの
ように扱われ，少数派の比率が増していくにつれてその位置づけが
どのように変化していくかについてはKanter［1977］の研究がある。
Kanter［1977］はある実在企業のフィールドスタディを通じて，
女性従業員の比率が少ないときは本人の能力よりも"女性である"
という理由によって社内での扱いや待遇が決まると主張する。その
意味で，単に少数派がいるだけではそれは象徴（トークン）の域を
出ず，少数派の比率を意図的に高めていかなければ画一的な組織か
らの脱却はできないと指摘する。日本ラグビー協会で唯一の女性理

事であった稲沢裕子氏がいわゆる森首相発言問題に関連して「私の言動が，全て『女は』になってしまう」（東京新聞2021年2月6日朝刊）と述べているが，男性主体の組織の中でトークンとなっている女性の状況を端的に示したコメントである。

Kanter［1977］によれば，女性従業員の比率が増えるに従ってその人物の"能力"を見るように周囲が変化していくという。そして，少数派が力を発揮するための目安となる比率は35％程度だとKanter［1977］は述べている。マーケティングの分野で「クリティカル・マス」という考え方がある。イノベーションの普及において，ある水準を超えると普及が自律的に維持される特定の普及率のことを意味する（寺島［2005］など）。このクリティカル・マスの考え方を援用するならば，それまでは少数派でトークンとして扱われていた女性従業員が35％を超えると自律的な普及の段階に達し，その能力を発揮できるようになるとも考えられる。後述するJoecks *et al.*［2013］やSchwartz-Ziv［2017］など，実際にクリティカル・マスの考え方にもとづいたコーポレート・ガバナンス研究も行われている。

Kanter［1977］の主張と整合するアンケート結果も存在する。**図表7-4**は『商事法務』に掲載されたコーポレート・ガバナンスの実態調査の中で，「現在の貴社の社外取締役が会社の持続的な成長と中長期的な企業価値の向上というCGコードの目的達成に対してどの程度貢献していると思いますか」という質問に対して「（貢献

図表7-4 人数別の社外取締役の貢献度

出所：佃［2016］［2017］［2018］より筆者作成

度は）非常に高い」と回答した比率を社外取締役の人数別に示したものである。

社外取締役が1人または2人の場合には「非常に高い」という回答は10〜15％だが，それが3人以上になると30％前後にまで高まることが見て取れる。第2章脚注14で述べたように日本企業の平均的な取締役人数は約9名であるので，社外取締役3名というのはちょうど全体の30〜35％の人数となる。

図表2-1で示したように，独立社外取締役の比率が「3分の1」を超えている企業は2020年に東証1部企業の半数に達した。誤解を恐れずに言うならば，これまではお客様として奉られてトークンとなっていた社外取締役が取締役会の中で力を発揮する比率に達したことを意味する。「社外取締役の現状について（アンケート調査の結果概要）」（経済産業省CGS研究会，2020年5月）では，「当該企業の取締役会の議論を活性化させるために，有効だと考える対策をお答えください（複数回答）」という設問に対して「社外取締役の人数を増やす」という回答は14.0％にとどまっている[41]。人数の確保は達成されたと社外取締役自身が考えている証左ではないのか。

（2）少数派の比率とROEの関係

取締役会における少数派の比率とROE（自己資本利益率）の関係を検証した研究がJoecks *et al.*［2013］である。この研究は全取締役に占める女性取締役の比率とROEとの関係を検証しているが，そこで得られた結果をイメージ化したものが**図表7-5**である。横軸が女性取締役比率，縦軸がROEである。まず女性取締役がゼロであった場合のROE水準と比べて，女性取締役が入ってくるとROEは低下する傾向を示す。つまり，女性が"ノイズ"となり男性同士

---

41 「社外取締役の比率を増やす」は13.7％である。

で行われていたそれまでのコミュニケーション方法が困難になったり，女性取締役を選任したことで取締役に就任することができなくなった男性候補者が業務をサボタージュするなど，負の効果が正の効果を上回るからである。ただし，女性取締役がクリティカル・マスに達しトークンから脱することで，正の効果が負の効果を上回るようになりROEが純増に転じる。

女性取締役と社外取締役とを"少数派"として同じ俎上に載せて議論してよいのかどうかはわからない。ただし，少数派としての女性取締役の研究成果が社外取締役にも仮に当てはまるのであれば，社外取締役の選任の効果は2020年以降に，まさに今これから現れてくる可能性がある。

ただし**図表7-5**はややミスリーディングである。下に凸のグラフ

図表7-5　女性取締役比率とROEの関係

出所：Joecks *et al.* ［2013］，Figure 1 より筆者作成

図表7-6　社外取締役比率と企業パフォーマンスの関係（イメージ）

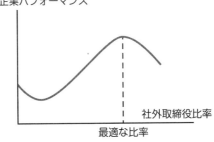

出所：Joecks *et al.* ［2013］，齋藤［2020］を参考に筆者作成

であると，女性比率を増やせば増やすほどROEが向上し，極言すれば女性だけの取締役会がもっともROEが高くなってしまう。今後の検証を待たなければならないが，**図表7-2と7-5**とを組み合わせると**図表7-6**のようなグラフ形状になる可能性がある。

　まず社外取締役がゼロのときと比べ，少数の社外取締役が選任されたときには社外取締役はトークンであり，企業パフォーマンスは逆に低下する。しかしながら比率が増すにつれてクリティカル・マスを達成し，そして最適比率に到達する。最適比率を超えた場合には社内情報の不足によって企業パフォーマンスは逆に低下する。もちろんクリティカル・マスの達成比率や最適比率については企業ごとに違いがあることは言うまでもない。

　ただし，ジェンダーと取締役会の関係の検証結果を社外取締役の比率の議論に援用してよいのかどうかは不明であり，そもそもクリティカル・マスと取締役会を関連させた研究も世界では少なく，筆者がサーベイする限りにおいて日本ではこの種の実証研究はまったく行われていない。**図表7-6**を含めて本節で述べていることは推測の域を出ておらず，今後の検証が必要である。

5. 社外取締役の活用の方向性

　日本企業の社外取締役の比率は企業パフォーマンスに影響を与える水準に達している可能性があるが，それでも正の関係が観察されないのであれば，社外取締役が監督や助言機能を発揮できる場が整っていないことがその理由の1つに挙げられるであろう。ここまで社外取締役が増えた今，腕に覚えがあり自信に溢れた人材ばかりではなく，能力・経験は豊富でも「性善なれども弱し」の人々も社外

取締役に就くようになってきたのではないかと思う。したがって社外取締役が発言や活動をしやすい環境を意識的に作る必要がある。「発言しやすい環境を企業側が整えなくとも発言するのが社外取締役の責務である」という考え方ももちろんあるであろうが，お膳立てなしでも発言できなければ社外取締役として失格なのであれば，社内取締役の多くもまた失格となってしまうだろう。

　ではどのような環境整備が必要なのであろうか。前掲の「社外取締役の現状について（アンケート調査の結果概要）」における「当該企業の取締役会の議論を活性化させるために，有効だと考える対策をお答えください（複数回答）」という設問の上位5位の回答が以下である。

- 取締役会以外のインフォーマルな議論の場を設ける／充実させる　54.1％
- 議案選定を見直し，経営戦略等に関する議論の時間を増やす　48.6％
- 取締役会の事前説明を充実させる　34.0％
- 社外役員のみでの議論の場を設ける／充実させる　28.2％
- 社外取締役の人数を増やす　14.0％

　アンケートに回答した社外取締役は，経営戦略等をじっくりと議論し合う場が不足していると考えており，その改善のためには社外取締役だけでの議論や取締役会以外の議論の場（オフサイトミーティング）を充実させることを求めている。社外取締役の増員を求める声は相対的に少なく，人数を増やすことよりも議論の場を充実させることを優先するべきであると多くの社外取締役が考えている。もちろん，経営戦略等に関する議論を行うために社外取締役が社内の中堅・若手のキーパーソンやライトパーソンと接点を持てるよう

な仕組みも構築する必要があろう。

　社内の仕組みや暗黙の文化に通じていない"異質"な人材を組織に抱含していく（インクルージョン）には時間がかかる。これは取締役であっても同じであろう。したがって，企業側が意図的に一体化を推進する施策を講じていく必要がある。前掲の経済産業省の社外取締役アンケート結果で上位にきた改善策を社外取締役が企業側に要望し，企業側もそれに応えて対策を講じるのであれば社外取締役の導入効果が出てくると筆者は考えている。そのためにはコンプライ・オア・エクスプレインの原則を維持しつつも，筆頭独立取締役の設置有無の開示や社外取締役対応をする統括窓口（コーポレート・セクレタリー）の設置の有無，オフサイト・ミーティングや社外取締役のみでの会合の有無や回数などの開示を促すことが有益であり，そのためにコーポレート・ガバナンス報告書のフォーマットの見直しを筆者は提案している。

第 **8** 章

人的資本をめぐる動向と
主要国開示調査

1. コーポレートガバナンス・コードと人的資本

　人的資本への注目が高まってきている。2021年6月に再改訂されたコーポレートガバナンス・コードにこの言葉が登場したことがその直接的な契機だと思われるが，欧米でも人的資本の開示を求める動きが活発化してきている。本章ではこうした人的資本に関するさまざまな動きをまずは概説し，その後にそもそも人的資本とは何かについて私見を述べる。そのうえで日米および他の主要国の人的資本の開示状況の調査結果を報告する。

　再改訂されたガバナンス・コードでは3つの原則・補充原則の中で人的資本という用語が用いられている。まず，経営戦略に関する補充原則3-1③，次に取締役会によるサステナビリティ方針の策定に関する補充原則4-2②，最後に経営戦略や経営計画の策定・公表に関する原則5-2である。ガバナンス・コードの再改訂作業において次節で述べる欧米の動向が影響を与えたと考えているが，これらの3つの原則・補充原則がすべて経営戦略や経営計画に関するものであることから，以下のような3つの問題意識が背後にあったのではないかと推察される[42]。

　まず，人材の再配置に本気で取り組む必要性がある。日本企業が公表する経営計画（中期経営計画など）の多くでは，計画が進捗するにつれて加速度的に業績が向上する，いわゆるホッケースティック型の業績計画のスライドをよく目にする。しかしながら結果的には「外部環境が想定以上に悪化した」といった理由で，計画が未達成で終わることも少なくない。中期経営計画における事業ポートフォリオの組み替えについても，資産の組み替え計画についてですら開示する企業はまだまだ少ない中で，「人材の再配置」という根本

---

42 筆者は金融庁「スチュワードシップ・コード及びコーポレートガバナンス・コードのフォローアップ会議」のメンバーだが，本書で述べることはすべて私見であり，同会議（または金融庁）の公式見解ではない。

に触れることを企業も投資家も避けて通ってきたのではないか。伊丹敬之教授は経済には歴史的堆積があり，それは「既得権益」「資源の固定性」「心理の粘着性」という３つの堆積であると言う（伊丹［2017］，294頁）。このうち心理の粘着性とは「改革が目指す新しい未知の仕事への不安が，ついつい現在の仕事に執着する心理を人々の間にもたらして，現状への粘着性が高まるという力学である。目に見えない曖昧な不安の力学であるだけに，一番やっかいな堆積かもしれない」（同295頁）と喝破する。事業ポートフォリオの組み替えという多くの日本企業が直面する課題に対処するためには人材の再配置の問題を避けて通るわけにはいかないのである。これが１つめの問題意識である。

人材の再配置を実施するためには従業員のスキル・経験・資格等を見える化し，それと同時に各部門で求められているスキル要件に対応させながら人材をうまく再配置していかなければならない。たとえば自動車業界であれば，ガソリン車から電気自動車へのシフトによってエンジン関連の技術者をどのように配置転換するかが問題となる。そのためには各従業員がどのような能力を持っているのかを明らかにする必要がある。日本企業は製造現場での標準化は厳格になされているが，スタッフ部門の労働内容や従業員のスキル・経験・資格等の質的内容表記を標準化できているのはとりわけ社歴の長い大企業ではごくごく少数にとどまると思われる。これまでの「適材適所」から，「適所適材」への転換が迫られている。これが２つめの問題意識である。

最後に，とりわけ東証プライム市場ではサステナビリティへの対応がより求められるようになるが，VUCA（Volatility・Uncertainty・Complexity・Ambiguity）と称される時代の中で企業が直面する新たな課題に対応できる人材が育成されているのかど

うかが問われ始めている。動きの激しい世の中ではあるが，自社にとって数年後または数十年後に必要とされているであろう従業員スキル（将来スキル）を見定め，それとともに従業員が現在持っているスキル（現在スキル）を見える化し，そのギャップをリスキリング（知識の追加取得）によって埋めていくことが各社の喫緊の課題となっている。

$$将来スキル － 現在スキル ＝ リスキリング$$

　3つの私見を挙げてみたが，以下の問いにご自身でお答えいただければ腑落ちするのではなかろうか。「いま貴社でもっとも足りない経営資源は何ですか？」と問われたら，おそらく多くの方は「人」と答えるであろう。一方で，「いま貴社でもっとも余っている経営資源は何ですか？」と問われても，「人」と答える企業は少なくないであろう。本来は「人財」であるべきジンザイが，単に居るというだけの「人在」や，場合によっては給料にパフォーマンスが見合っていない「人罪」となってはいないだろうか。企業だけではなく日本全体でこの問題を避けて通ってきたのではなかろうか。この問題に向き合わない限り日本の成長は望めず，それこそが今回のコード再改訂に人的資本が明記された背景ではないかと筆者は考えている。
　人的資本を重視した経営改善への資本市場からの期待も大きい。生命保険協会が「企業価値向上に向けた取り組みに関するアンケート」を企業，投資家の双方に毎年行っているが，2021年版のアンケートにおける「自社（日本企業）の中長期的な投資・財務戦略において，重視しているものをお答え下さい」という設問への回答結果を見ると，企業側では人材投資という回答は31.1％であったが，投資家側は57.9％が人材投資と回答している。このアンケートはあく

まで一例であるが，世界的に企業の人材投資，人的資本の開示を求める声が強まってきているのである。

2. 人的資本をめぐる潮流

　人的資本についての研究会も複数立ち上がっている。経済産業省では伊藤邦雄・一橋大学 CFO 教育研究センター長が座長を務める「人的資本経営の実現に向けた検討会」と北川哲雄・青山学院大学名誉教授が座長を務める「非財務情報の開示指針研究会（以下，開示指針研究会）」が設置されており，内閣官房でも同じく伊藤邦雄座長のもとで「非財務情報可視化研究会」が議論を進めている。

　制度改変においても，2022年7月には財務会計基準機構の中にサステナビリティ基準委員会（Sustainability Standards Board of Japan: SSBJ）が設置され，国際的な動向と歩調を合わせながら今後の日本でのサステナビリティに関連する開示基準を開発していくこととなった。また，2023年1月に「企業内容等の開示に関する内閣府令」が一部改正され，2023年3月期の有価証券報告書から人的資本，多様性に関する開示が求められることとなった。

　海外に目を向けると欧米での動きが活発化してきている。人的資本をめぐる欧米の基準設定団体等の動向については開示指針研究会の第3回研究会資料や西山［2021］を参照してほしいが，大きな動きとしては2018年12月にISO30414「人的資源マネジメント─内部・外部向け人的資本報告のガイドライン」が公表されており，米国証券取引委員会（SEC）によるRegulation S-Kの改正（2020年8月），欧州委員会の企業持続可能性報告指令の最終承認（2022年11月）など人的資本に関係する開示規則の改正が近年続いている。SECによ

るRegulation S-Kの改正では項目101・103・105の現代化改正が実施されている。そのうち項目101(c)において，（報告書提出者の）ビジネスの理解にとって重要となるであろう人的資本資源（human capital resources）の開示が必要な場合にはそれを開示することが求められている。

3. 人的資本とは何か

　Regulation S-Kの項目101(c)ではhuman capital resourcesという用語が用いられているが，人的資本（human capital）と人的資源（human resource）という２つの用語が実務や諸基準では使われており，人的財産や人的資産といった使い方も耳にすることがあるが，これらの違いは必ずしも明確ではない。ガバナンス・コードでは人的資本と呼んでいるが，企業ではCHRO（Chief Human Resource Officer）という役職を置いていることはあってもCHCO（Chief Human Capital Officer）という役職を筆者はいまだ聞いたことがない。前節で紹介した３つの研究会およびそのうちの「人的資本経営の実現に向けた検討会」が2022年５月に公表した「人材版伊藤レポート2.0」でも人的資本と人的資源の定義や両者の違いについて深くは議論されていないようである。人的資本と人的資源，さらには人件費・労務費との関係を損益計算書と貸借対照表に依拠しながら筆者なりに整理したものが**図表8-1**である。

図表8-1　人件費・人的資源・人的資本の概念図

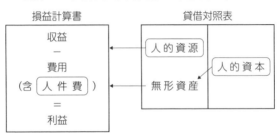

出所：筆者作成

まず人件費は損益計算書の費用項目である。大学では各種プロジェクトが厳格な単年度予算のもとで進められており，プロジェクトのスタッフが期中で退職した場合には「退職者の人件費○○万円が余っておりますので年度末までに予算の執行をお願いします」といったメールが来ることがある。このように人材（従業員）を費用として見ているのが人件費である。

　次に資産（貸借対照表の借方）としての見方が人的資源であろう。討議資料「財務会計の概念フレームワーク」（企業会計基準委員会，2006年12月）では「資産とは，過去の取引または事象の結果として，報告主体が支配している経済的資源をいう」（4項，傍点は筆者）と定義されている。つまり従業員は経済的資源であり，それらを活用（管理）することで収益の拡大や費用の削減が実現され利益が獲得されるのである。

　最後に，人的資本は貸借対照表の貸方の考え方だと筆者は考えている。他人資本（負債）か自己資本（純資産）かという議論はここでは行わないが，人的資本を貸方，つまり経済的資源の調達源泉だと考えるのである。人的資本を貸方だと考えると，それと対になる借方の資産は何になるであろう。それは広義の無形資産だと考えられる。つまり，従業員は資本であり，この資本によって無形資産が創造される。その無形資産を梃子とした収益の拡大や費用の削減を通じて利益が獲得されるのである。したがって，人的資源という考え方においては従業員がいかに収益拡大・費用削減に貢献するかが主眼となり，人的資本という考え方においては従業員がいかに無形資産を生み出すかが主眼となるであろう。資本の性質上，それをうまく活用できれば大きな無形資産が生まれ，失敗すれば何も生まない結果に終わる。本章第5節では日米企業の開示比較を行うが，日本企業はどちらかと言うと人的資源という発想での開示を，米国企

業では人的資本という発想での開示を行っているようである。

　ただし，上記の整理は筆者の試案の域を出ておらず，人的資源や人的資本の定義，それぞれの違いについての理論研究の蓄積が待たれている。

4. 人的資本の開示例

　まずは各国企業の開示例を見ていただいた方がよいであろう。日本企業からは東京海上ホールディングスとKDDIを取り上げる。東京海上ホールディングスは統合レポート（2022年）の中に「人材戦略・CHROメッセージ」を設け，同社のパーパス実現のために「ジェンダーフリー」「エイジフリー」「ボーダーフリー」「ワークスタイルフリー」の４つのフリーを同時に進めていくと宣言するとともに，具体的な施策などを項目別に記載している。また多くの日本企業がダイバーシティの中身がジェンダーおよび障がい者雇用への言及にとどまっている中で，国籍や世代に対する同社の戦略についてグループダイバーシティ＆インクルージョン総括の執行役が説明している点が特徴的である。KDDIは「サステナビリティ統合レポート2022」において，同社の８つの提供価値の１つとして「多様なプロ人財の活躍とエンゲージメント向上」を組み込み，それを「プロ人財育成のためのキャリア開発」「社員エンゲージメントサーベイの実施」「多様性を重視した人財の活躍推進」の３つの視点で具体的な指標に落とし込んでいる。さらにはそれぞれの視点で2021年度の達成実績の評価と2024年度の目標値が定量データで記載されている[43]。

　米国企業では3Mの事例を取り上げたい。3Mの "Global Diversity,

---

43 円谷研究室では学生が470社分の統合報告書を読み込んで感想レポートを作成し，それを筆者ホームページの「コーポレートガバナンス関連」の中で公開している。

Equity & Inclusion Report 2021"は12頁のPDFだがChief Equity Officerのメッセージから始まる詳細なレポートである。内容の一例を挙げると，グローバルでのジェンダー比率や米国での人種・民族の詳細が取締役層から従業員層まで5つの階層ごとに表で掲載されている。また，3Mが定める報酬方針に従って，同一職種，同一地位，地域での平等賃金（pay equity）についても強調されており，グローバルでのジェンダー平等賃金および米国での人種・民族平等賃金を100％達成していることが説明されている。現従業員の人材育成の開示が中心の日本企業の統合報告書と比べると趣は完全に異なっている。

　イギリス企業ではBritish American Tobacco（BAT）の"ESG Report 2021"を紹介したい。このレポートはタイトル通りESG全般にわたるレポートだが，ソーシャルの部分で第三者機関が実施している"Your Voice survey"の結果を，日用消費財業で同社がベンチマークしている競合他社と比較しながら掲載している。

　シンガポールのDBSグループは"Sustainability Report 2021"においてESGマテリアリティを「社会へのインパクト」と「DBSへのインパクト」の2軸でプロットしたESGマテリアリティ・マトリッ

British American Tobacco（BAT）のYour Voice survey

	2021	2019
Employee Engagement Index	79（+1）	82（+7）
High Performing Index	78（+4）	76（+5）
Corporate Responsibility	82（+1）	86（+12）
Diversity and Inclusion	83（+5）	83（+13）
Empowerment	82（+3）	84（+5）
Innovation	73（+1）	74（+7）
Leadership and Strategy	72（+4）	73（+6）
People Management	83（+3）	82（+2）
Reward and Recognition	71（+4）	74（+10）
Talent Development	65（+2）	69（+5）
Transformation	74（＝）	76（+5）

（括弧内は同業他社との差異）

クスを掲載している。その中で，"Employee well-being and managing talent"がDBSへのインパクトの中ではもっとも大きく，さらには社会へのインパクトにおいても重要性が増してきていることが視覚的に表現されている。また，このマテリアリティに関する取り組み，エンゲージメントサーベイや離職率などの定量データもともに開示されている。

　最後に中国テンセントの"Annual Report 2021"の記載例である。中国では法令に従い，従業員の賃金，給与，ボーナス，年金制度への拠出，株式報酬費用，福利，医療，トレーニング費用などが開示されている。日本企業の担当者に「ヒトにかけた今期の総費用はいくらですか？」と聞くと，「分からない」「そういうシステムになっていない」という回答がほとんどであるが，実際に開示している企業もあるのである。

　このように人的資本の開示と一言で言っても国や企業によって千差万別である。人的資本の開示充実は各国ともにまだ途に就いたばかりであり，どのような定性・定量情報を開示していくかはこれからの課題となっている。もちろん日米欧では労働力の流動性や移民の状況，福利厚生や社会保障の違いなどがあるために単純に比較するわけにはいかないのだが，現状でどのような開示がなされているかを俯瞰しておくことは今後を考えるうえでも重要であろう。そこで円谷研究室では日米企業を中心に各国主要企業の人的資本開示を調査した。

テンセントの開示例（百万元）

	2021年	2020年
賃金，給与，ボーナス	61,058	48,192
年金拠出額	5,630	2,911
株式報酬費用	22,222	13,745
福利，医療，その他費用	6,470	4,679
トレーニング費用	143	111
	95,523	69,638

5. 人的資本開示の各国調査

　本節ではまず日米企業の比較調査の結果を報告し，その後に調査対象をイギリス，ドイツ，フランス，シンガポールそして中国に拡張した結果を報告する。

(1) 調査方法とサンプル―日米企業比較―

　調査サンプルと調査方法は第1～4章と同一であり，第1章第2節を参照していただきたい。調査した媒体は日本企業は統合報告書やサステナビリティ報告書など，米国企業はプロクシー・ステートメント，アニュアル・リポートに加え，開示している企業があればESGレポートやサステナビリティ・レポートなども調査している。

　各国各社の人的資本に関する開示はさまざまであり，データの収集に際しては何かしらの軸が必要になってくる。そこで我々は開示指針研究会の資料で掲げられている「論点の構造」を参考にして，**図表8-2**のように「育成」「流動性」「ダイバーシティ」「健康・安全」「労働慣行」「コンプライアンス/倫理」の6つの分類とそれぞれの分類の小区分に沿ってデータを収集・整理した。

　ただし，この「論点の構造」に記載されていない項目（たとえばコロナ関連の開示など）を独自に加えるとともに，データ整理にあたって我々独自の判断基準をうまく設けることができなかった項目については収集対象外とした。したがって，以下で述べる調査結果

図表8-2　人的資本をめぐる論点の構造（イメージ）

開示項目の例																	
育成			流動性			ダイバーシティ			健康・安全				労働慣行					コンプライアンス/倫理
リーダーシップ	育成	スキル/経験／	採用	維持	サクセッション	ダイバーシティ	非差別	育児休暇	安全	身体的健康	精神的健康	エンゲージメント	労働慣行	児童労働／強制労働	賃金の公正性	福利厚生	組合との関係	
「価値向上」の観点														「リスクマネジメント」の観点			

出所：経済産業省「非財務情報の開示指針研究会」第3回資料より抜粋

は必ずしも**図表8-2**の項目と完全には一致していない。

（2）調査の結果

　開示指針研究会では価値向上の観点とリスクマネジメントの観点から論点を構造化しているが，日米企業ともに価値向上の観点，リスクマネジメントの観点をバランスよく開示していることがわかった。しかしながら，6つの開示項目の中では重視する項目が両者で異なることもまた明らかとなった。以下はコンプライアンス/倫理を除いた5つの項目での日米企業の開示率のまとめである。

①育成

　育成に関する開示では，従業員の育成やトレーニングの状況（定性情報），トレーニングの実施・参加状況（定量情報）を調査した（**図表8-3**）。従業員トレーニングの状況は日米企業ともに積極的に開示しているものの，NASDAQでは開示の水準が低い。トレーニングへの参加状況といった定量的なデータに関しては日本企業の開示率が米国企業を上回っている。日本企業は統合報告書の中でESGに関連するデータを一覧にして掲載する企業があり，従業員トレーニングの実施・参加状況がそれに含まれているためこのような結果

図表8-3　「育成」に関する開示状況

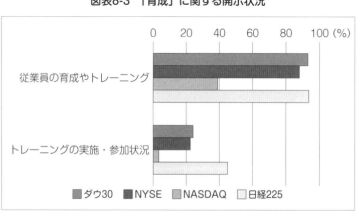

出所：筆者作成

になったと思われる。

②流動性

　従業員数については日米企業ともにほぼ全社に記載があった。（**図表8-4**）一方で従業員の定着率については日本企業では半数が記載していたが，ダウ30企業を含めて米国企業での記載は相対的に低い水準にある。

図表8-4　「流動性」に関する開示状況

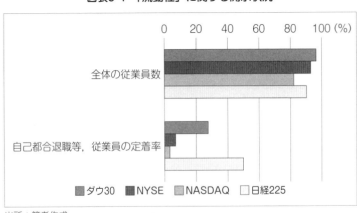

出所：筆者作成

図表8-5　「ダイバーシティ」に関する開示状況

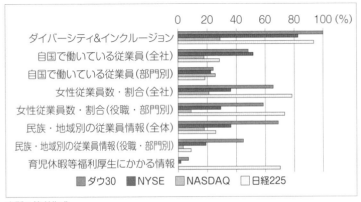

出所：筆者作成

③ダイバーシティ

ダイバーシティの開示は日米企業の差がより顕著である（**図表8-5**）。日本企業はジェンダーの開示が豊富だが米国企業は民族・地域別の情報開示を重視している。ただし，民族・地域別の開示に力を入れているのは前述した3Mのようにダウ30企業が中心であり，中小型企業まで範囲を広げると日経225企業とほぼ同じ水準の開示率となっている。

④健康・安全

業務上のインシデントや身体的な健康・安全に関しては比較的に日本企業が積極的に開示しているのに対して，従業員の満足度やエンゲージメントに関する開示では米国企業の開示の水準がやや高い（**図表8-6**）。エンゲージメント調査に参加した従業員の割合や身体的健康に関する定量データの開示は日本企業でもなされているが，企業理念に対するエンゲージメント等の定性データの開示は米国の方が進んでいるようである。

⑤労働慣行

労働慣行に関する開示では，日本企業は働き方改革や福利厚生の開示に力を入れているが，米国企業ではストックオプションや退職

図表8-6　「健康・安全」に関する開示状況

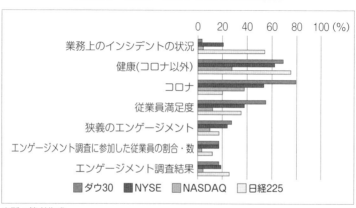

出所：筆者作成

金を含めた従業員の報酬，とりわけ賃金の公平性の開示に重きを置く傾向がある（**図表8-7**）。日本企業で従業員のストックオプション制度や退職金について記載している企業はほとんどない。もちろん日本では従業員へのストックオプション付与は一般的ではなく[44]，したがって開示率が低いということは理解できるが，そうした点も考慮しつつ一言で日米企業の開示の特徴を要約するならば，日本企業ではworkplace（職場）の開示が重視されており，米国企業ではwork（職）それ自体の開示が重視されていると言えるかもしれない[45]。

　以上をまとめると両国企業の人的資本に関する開示の特徴がおぼろげながらに見えてくる。まず，日本企業の特徴として定量データの開示が充実していることが挙げられるであろう。とりわけ有価証券報告書での法定開示項目となっているものなどは統合報告書の中でもしっかりと数値で開示されている。その一方で米国企業では定性情報，とりわけ従業員の満足度やエンゲージメントなどの記載に

図表8-7　「労働慣行」に関する開示状況

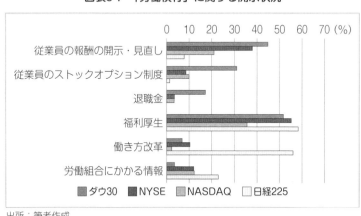

出所：筆者作成

---

44 中神・阿部［2021］によれば，発行済株式数に対する単年度に従業員に付与された株式報酬の株式数合計の比率（バーンレート）はGoogle，Apple，Facebook，Amazon，Microsoftの平均が1.36％（2019年）なのに対し，同期間の日本の大手テクノロジー企業の平均は0.074％にとどまっている。

45 マシュー・サイド［2021］は，Masuda & Nisbett［2001］の研究成果を引用しながら「アメリカは個人社会の傾向が強く，日本はより相互依存的だ。アメリカ人は手前や中心にある「もの」に重点を置き，日本人は「背景」に着目する傾向が見られた」（31頁）と述べるが，人的資本開示と各国文化圏との認知傾向の違いについても興味深い研究テーマである。

力を入れていることがわかる。従業員エンゲージメントとは,「人材版伊藤レポート」で引用されているウィリス・タワーズワトソン[2019]の定義によれば「企業が目指す姿や方向性を,従業員が理解・共感し,その達成に向けて自発的に貢献しようという意識を持っていること」であり,従業員満足度とは異なる(「人材版伊藤レポート」14頁)。こうした定性的な記載は日本企業の今後の課題である。

また,米国企業ではダウ30,NYSE,NASDAQという順に人的資本に関する開示水準が低下する傾向がある。換言するならば,大企業では開示が充実しているが,中小型企業になるにつれて開示項目(量)が低下していく傾向がある。これはこれまでの章での一連の調査結果と同様であった。つまり,米国企業は自社の身の丈に合った開示をしているとも言えよう。日本のガバナンス・コードはコンプライ・オア・エクスプレインの原則が採用されているが,コンプライ率を高めるために開示がボイラープレート化(定型文化)しているという指摘も一部では聞かれる。人的資本こそまさに,自社の現状と将来目標とを見据えたうえで自社に合った開示を模索していけばよいであろう。

(3) 主要国企業の開示状況

ここまで日米企業の調査結果を報告したが,他の主要国の開示状況はどうなっているであろうか。これまでと同様にイギリス,ドイツ,フランス,シンガポールの時価総額上位10社に加え,本章では中国企業上位10社[46]も調査対象に加えて同様の追加調査を行った。調査媒体もこれまでと同様に英文のアニュアル・レポート,サステナビリティ・レポートなどである。日本企業も時価総額上位10社に絞り込んで再調査している。

---

46 テンセント,アリババ・グループ,貴州茅台酒,中国工商銀行,美団,寧徳時代新能源科技,招商銀行,中国建設銀行,中国石油天然気,中国農業銀行。

各国別の開示率を示したのが**図表8-8**である。**図表8-8**では10社中6社以上で開示されている項目，4～5社が開示，1～3社が開示，1社も開示していなかった項目の4つに区分して示している。

主要国共通の傾向として育成，ダイバーシティ，健康・安全に関する開示は各国各社ともに行われている。女性従業員に関する情報はイギリス，シンガポール，日本では積極的に記載されているが，それ以外の国では相対的に水準はやや低い。また，育児休暇や働き方改革に関する記載が充実しているのが日本企業の特徴となっている。従業員の採用に関する情報，児童労働/強制労働などは各国の主要企業であってもあまり記載されていない。同様に，ダイバーシティの開示においてもジェンダーの記載が中心であり，民族・地域別の従業員情報を全社が記載しているというわけではない。従業員の報酬制度についてはどの国においても開示水準は相対的に低い。

このように人的資本に関する開示は国ごとの特徴もあり，その国の主要企業であっても各社で特徴が異なっている。

本章で行った調査は厳格な基準に従っての分類ではなく，多分に恣意的なものであり参考情報の域を出ていない。しかしながら，日本企業は今後の自社の開示を考えていくうえで，こうしたさまざまな企業の開示が参考になるであろう。

図表8-8　国別の開示率

		育成			流動性			ダイバーシティ		健康・安全					労働慣行					
		リーダーシップ	育成	スキル/経験	採用	維持	サクセッション	ダイバーシティ	非差別	育児休暇	安全	身体的健康	精神的健康	エンゲージメント	労働慣行	強制労働	児童労働	賃金の公正性	福利厚生	組合との関係
ダウ30							未調査		未調査											
時価総額上位10社	イギリス																			
	ドイツ																			
	フランス																			
	シンガポール																			
	中国																			
	日本																			

(注) 濃灰は10社中6社以上で開示（ダウ30では18社以上）または法定開示，薄灰は10社中4～5社で開示（同12～17社），網灰は10社中1～3社で開示（同1～11社），開示企業がゼロの場合は無色。
出所：筆者作成

6. 人的資本開示と日本企業

　本章では人的資本をめぐる昨今の潮流を概括しつつ，日米企業を軸として各国主要企業の人的資本に関する開示情報の調査結果を報告した。調査は限定されたサンプルで行っており，また，各国の法定開示項目の違いなども十分には考慮していない。その点で本章の調査には限界がある。限界はあるものの，この調査を通じて，人的資本の開示に決まった形はないことが見えてきた。各国各社で開示には特徴があり，自社の現状と将来目標とを見据えたうえで自社にとっての人的資本とは何かを考え，それを自身の言葉で説明していく姿勢が求められていくであろう。

　日本企業の開示を敷衍すると既存の労働慣行を維持しつつどのように従業員の満足度を高めていくかという発想が根底にあるように思う。たとえば働き方改革にしてもその背後にある目的は労働生産性の向上であり"生き方改革"という視点で語られているものは少数のように感じる。ダイバーシティにしても，これは一言で表現すれば"同質化させようとする力"をいかに排除していくかという問題のはずであるが，同質化の排除という意志の強さは日本企業と欧米企業とではかなりの違いを感じるというのが筆者の感想である。

　また，現行の人的資本開示は主に従業員を対象としており，役員の情報とは別の頁に記載されている。佃［2021］によればCEOのサクセッション（後継者育成）への取組みは成果が出るまでに最低でも5〜6年，現実的には10年かかるという。当然ながら，サクセッションという接合部分を共有しながら，従業員を対象とした人的資本の開示と役員情報の開示とが結節する。さらには，味の素や丸井グループなどがステークホルダーの1つに「将来世代」を位置づ

けているように，従業員にまだなってはいない将来世代も視野に入れて人的資本開示と向き合っていくこともできよう。企業のステークホルダーである従業員（役員）や将来世代に対して自社がどれだけ貢献することができるか，人的資本という縦糸を通して一気通貫した開示へと将来的には展開していくのではないかと筆者は考えている。

終章

「始まりの始まり」に
するために

「企業内容等の開示に関する内閣府令」が2023年1月に一部改正され，2023年3月決算企業から有価証券報告書の中でサステナビリティやコーポレート・ガバナンスに関する記載が拡充される。このたびの改正を含め，この10年間でコーポレート・ガバナンスをめぐるさまざまな改革が実施されてきた。社外取締役の選任が進み，取締役に株式報酬を支給することも一般化した。開示についても統合報告書の作成企業数は右肩上がりで増え，招集通知の中でスキル・マトリックスを見かけることも珍しいことではなくなった。一見すると日本企業の姿は変わったように見える。ではこれらの諸改革の効果は日本企業のパフォーマンス向上という結果に結び付いているのであろうか。今後さらなる改革を進めるのであれば，まずはいったん立ち止まってこの点をしっかり検証しておかなければならない。序章では経団連代表のメンバーがフォローアップ会議の中で「ガバナンス改革が企業価値向上に与える影響について，検証作業をお願いしたい」と要望を出したことを紹介したが，そうした一連の検証作業に必要となるであろう基礎的な情報（データ）を提供することが本書の目的であった。

　本書の一連の調査から明らかとなったことを一言で表すとすれば，"すでにわかっていたこと"なのかもしれない。以前からさまざまな場で日本企業の開示のボイラープレート化（定型文化）は指摘されていたし，社外取締役がお飾りになっているという声も根強い。スキル・マトリックスのスキル項目が各社横並びであることも新しい発見とは言い難い。その意味では本書の貢献はないのかもしれないが，これまでは一部企業の事例や自身の経験にもとづいて語られていたこれらの指摘をより一般化したデータを用いて再表現したことは，本書のささやかな貢献ではなかったかと思う。

　本書の調査結果の多くがすでに知られていたことであるというこ

とは，その結果から導き出される提言もまた月並みなものにならざるを得ない。つまり，各社それぞれが自社に合った形でガバナンスの実効性を高める努力を続ける必要がある，ということである。日本企業で社外取締役の選任が進んだことは本書の中で何度も述べてきた。また，各社によって最適な社外取締役の比率は異なるという学説や社外取締役自身が感じている課題を第7章で紹介したが，自社にとって社外取締役がなぜ必要なのか，どのような役割を社外取締役に期待するのか，彼ら彼女らをサポートする体制をどのように整えていくのか……。

　日本ではこの10年間で制度という外圧によって社外取締役の選任が進められてきた。本当に自社に合った形で選任が進んでいるのかどうかを今一度検証してみてはいかがだろうか。そのうえで必要だと思われる措置を講じる決断が必要である。筆者はコーポレート・ガバナンスの実効性を高めるために必要なことは，それは勇気と決断だと思っている。決断とは何か。沼上［2003］は「ゴー・サインを出せば出したで批判され，出さなければ出さないで批判される。多くの人の運命を巻き込み，それゆえに多くの人々から注目と称賛と罵声を浴びる。それが決断である」（123頁）と喝破する。企業に限らず大学を含むあらゆる日本の組織における共通課題のように思う。

　2022年を振り返ると，企業・資本市場に関する出来事で最大の関心事はやはり4月の東証市場再編であっただろう。当時はまさにこのニュースで一色であったが，蓋を開けてみればかつての東証1部企業のほとんどが東証プライムへと横滑りし，もはやあの騒ぎは何であったのかと思うほどに以前と変わらずに世の中は動いている。あらためて，東京証券取引所が定めるプライム市場のコンセプトを

掲げよう。

　「多くの機関投資家の投資対象になりうる規模の時価総額（流動性）を持ち，より高いガバナンス水準を備え，投資者との建設的な対話を中心に据えて持続的な成長と中長期的な企業価値の向上にコミットする企業向けの市場」

　プライム市場の上場会社のどれだけがこのコンセプトに従って自社の変革を進めているであろうか。欧米企業ではコーポレート・ガバナンスや情報開示の強化を求める法制度や機関投資家からのプレッシャーが強まる中で，上場を取りやめて非公開化する企業が増えてきていると言われている。実際に英独仏では上場会社数がこの15〜20年間で半減している中で，日本だけは右肩上がりで上場会社が増えている（**図表終-1**）。

　プライム市場の上場会社数は全体の約半数なのですべてではないものの，上記のコンセプトを実践する企業が年々増加傾向にあるようには筆者には思えない。かえって逆に，プライム市場での上場を維持するためにさまざまなコーポレート・ガバナンス，情報開示の要件を乗り越えなければならないことが一部の企業を苦しめてはい

図表終-1　主要国の上場会社数の推移

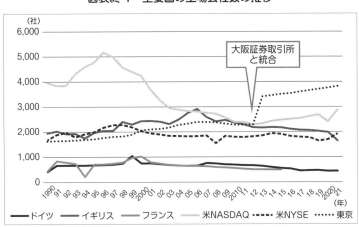

出所：World Federation of Exchangesより筆者作成

ないだろうか。求められているさまざまな要件の中には「自社には不要」と内心では考えているものも含まれているのではなかろうか。プライム市場を選択することの意味，ひいては上場していることが自社にとって最善の選択なのかどうかも含め，各社がしっかりと考えていく時代が到来している。これまでの成功体験や築き上げられたシステムの継続に囚われることなく，変えるべきところは変える，変えない（守る）ところはこれからもしっかりと守る，という意識を持つことが日本には求められている。その意味で，本書が「始まりの始まり」のささやかなきっかけとなってくれることを願っている。

謝　辞

　実務書と研究書の中間をあえて目指した本書ではあるが，実務の視点については多くの有識者から頂戴した現場の声が土台となっている。いただいた知的資産の貴重さは計り知れない。すべての方のお名前を記すことはできないが，本書の随所にそうした知的資産を明示的に散りばめたつもりでいる。それをもって我々からの心からの感謝の気持ちとさせていただきたい。

　日本IR協議会の佐藤淑子氏，松村裕子氏および他のメンバーの日ごろからの温かいサポートがなければ本書は完成していなかった。スチュワードシップ研究会の木村祐基氏（機関投資家協働対話フォーラム），山崎直実氏（株主と会社と社会の和），山本功氏（起業投資）には事前に拙稿に目を通していただき，他では得ることができないご指摘を頂戴した。全国株懇連合会の井上卓氏（三菱重工業），中川雅博氏（三菱UFJ信託銀行）からのご助言はそのことごとくが白眉であった。この場を借りて皆様に深く感謝したい。もちろん，執筆内容に関する誤りや不備はすべて円谷の責任である。

　本書の発刊にあたって，東京海上各務記念財団から研究助成金をいただいている。コロナ禍で世の中が自粛ムードの2020年12月に，同財団の本部にて宇垣篤志氏・曽村俊幸氏から「よい本を書いてください」と激励をいただいた。ご期待に応える内容に仕上がったかどうかは甚だ不安ではあるが，何とかこうして発刊にこぎつけることができたのは同財団のご助力のおかげである。また，度重なる執筆遅延により同財団に何度も頭を下げてもらった一橋大学の中本裕子さんには申し訳ない気持ちでいっぱいである。

　最後に，前書から引き続いて兄弟同様のお付き合いをさせていただいている同文舘出版の青柳裕之氏への「ありがとう」で本書を締めたい。

　　2023年3月

円谷　昭一

160

参考文献

Adams, R.B., A.C. Akyol and P. Verwijmeren (2018). Director skill sets. *Journal of Financial Economics*, 130(3), pp.641-662.

Bertrand, M. and A. Schoar (2003). Managing with style: The effect of managers on firm policies. *Quarterly Journal of Economics*, 118 (4), pp.1169-1208.

Joecks, J., K. Pull and K. Vetter (2013). Gender diversity in the boardroom and firm performance: What exactly constitutes a "Critical Mass?". *Journal of Business Ethics*, 118, pp.61-71.

Kanter, R. M. (1977). *Men and Women of the Corporation*. Basic Books, Inc.（高井葉子訳（1995）.『企業のなかの男と女―女性が増えれば職場が変わる』生産性出版.)

Kochiyama, T. and S. Ishida (2020). Unnatural selection of outside directors: Consequences of Japanese corporate governance reforms. *Working Paper*（*Hitotsubashi University*).

Masuda, T. and R.E. Nisbett (2001). Attending holistically vs. analytically: Comparing the context sensitivity of Japanese and Americans. *Journal of Personality and Social Psychology*, 81(5), pp.922-934.

Masulis, R. W. and S. Mobbs (2011). Are all inside directors the same? Evidence from the external directorship market. *The Journal of Finance*, 66(3), pp.823-872.

Miller, D. and J. Shamsie (2001). Learning across the life cycle: Experimentation and performance among the Hollywood studio heads. *Strategic Management Journal*, 22(8), pp.725-745.

Miwa, Y. and J.M. Ramseyer (2005). Who appoints them, what do they do? Evidence on outside directors from Japan. *Journal of Economics & Management Strategy*, 14(2), pp.299-337.

Morikawa, M. (2020). Effects of outside directors on firms' investments and performance: Evidence from a quasi-natural experiment in Japan. *Journal of The Japanese and International Economic*s, 56, 101074.

Schwartz-Ziv, M. (2017). Gender and board activeness: The role of a critical mass. *Journal of Financial and Quantitative Analysi*s, 52 (2), pp.751-780.

Yoshikawa, T. and P.H. Phan（2003）. The performance implications of ownership-driven governance reform. *European Management Journal*, 21(6)，pp.698-706.

阿部直彦（2021）.「役員報酬と報酬委員会：実質的P4P実現に向けた報酬モデルの提案」『商事法務』2273, pp.33-38.

伊丹敬之（2007）.『よき経営者の姿』日本経済新聞出版社.

伊丹敬之（2017）.『ビジネス現場で役立つ 経済を見る眼』東洋経済新報社.

入江和彦・野間幹晴（2008）.「社外役員の独立性と企業価値・業績」『経営財務研究』28(1)，pp.38-55.

ウィリス・タワーズワトソン（2019）.「エンゲージメント：back to basics! ～この10年間，従業員意識調査の焦点はなぜ「エンゲージメント」なのか？～」.

https://www.wtwco.com/ja-JP/Insights/2019/10/engagement-back-to-basics

内田交謹（2009）.「取締役会構成変化の決定要因と企業パフォーマンスへの影響」『商事法務』1874, pp.15-22.

内田交謹（2012）.「社外取締役割合の決定要因とパフォーマンス」『証券アナリストジャーナル』50(5)，pp.8-18.

江頭憲治郎（2016）.「コーポレート・ガバナンスの目的と手法」『早稲田法学』92(1)，pp.95-117.

大柳康司・関口了祐（2001）.「コーポレート・ガバナンスと企業業績との関係：社外取締役・社外監査役・執行役員制に関するアンケート調査分析」『商事法務』1594, pp.14-22.

金 榮愨・権 赫旭（2015）.「日本における取締役会の改革の効果分析」RIETI Discussion Paper Series, 15-J-060.

久保克行・内ヶ﨑茂・鈴木啓介・中川和哉・山内浩嗣・瀬古 進・霧生拓也（2021）.「日本企業のトップマネジメントの現状と改革に向けた提言(上) 日本企業のトップマネジメントチーム・取締役会改革の方向性」『商事法務』2253, pp.36-46.

齋藤卓爾（2011）.「日本企業による社外取締役の導入の決定要因とその効果」宮島英昭編『日本の企業統治』東洋経済新報社，第4章.

齋藤卓爾（2020）.「社外取締役設置が企業業績に与える影響」『監査役』710, pp.4-14.

宍戸善一・柳川範之・大崎貞和（2010）.『公開会社法を問う』日本経済新聞出版社.

清水 一（2011）.「社外取締役の導入，委員会制度への移行と企業価値：

パネルデータによる分析」『大阪経大論集』61(5)，pp.31-47.

社外役員会計士協議会特別対談 (2021).「職業的専門家である社外役員が果たすべき役割：ステークホルダー視点を持ちながらガバナンスに寄与する」『会計・監査ジャーナル』795, pp.8-14.

武井一浩 (2013).「会社法からみたガバナンス：機能する企業統治に資する法制の役割」『企業法制改革論Ⅱ　コーポレート・ガバナンス編』中央経済社.

武田克巳・西谷公孝 (2014).「独立社外取締役やその属性別選任と株主価値」『証券アナリストジャーナル』52(5)，pp.84-94.

佃　秀昭 (2016).「2016年度コーポレートガバナンスの実態に関する調査結果の紹介」『商事法務』2119, pp.30-40.

佃　秀昭 (2017).「2017年度コーポレートガバナンスの実態に関する調査結果の紹介」『商事法務』2153, pp.31-41.

佃　秀昭 (2018).「2018年度コーポレートガバナンスの実態に関する調査結果の紹介」『商事法務』2183, pp.19-31.

佃　秀昭 (2021).「CEO後継者計画と指名委員会」『商事法務』2270, pp.49-54.

円谷昭一 (2021).「取締役ダイバシティの主要国比較：スキル・マトリックスを中心に」『月刊資本市場』427, pp.14-21.

寺島拓幸 (2005).「普及過程におけるイノヴェーターの役割：閾値モデルによる検討」『応用社会学研究』47, pp.205-211.

遠山幸世・濱崎加奈子 (2019).「取締役スキル開示の日米比較と日本企業への改善提言」『研究所レポート』13, pp.6-18.

中神康議・阿部直彦 (2021).「わが国からもっとイノベーションを生み出すために：GAFAMに見る「三位一体の経営」」経済産業研究所.
https://www.rieti.go.jp/jp/projects/trinity_management/column_01.html

西山賢吾 (2021).「人的資本の報告ガイドライン国際規格ISO30414：注目度高まる人的資本の情報開示」『金融・資本市場動向レポート』No.21-29.

沼上　幹 (2003).『組織戦略の考え方：企業経営の健全性のために』ちくま新書.

野地もも (2021).「社外取締役報酬見直しのポイント」『旬刊経理情報』1625, pp.23-32.

野間幹晴・藤本　洋 (2021).「社外取締役の導入が企業価値に与える影響」『ディスクロージャー＆IR』19, pp.46-55.

長谷川聡・佐伯直樹・梶 嘉春 (2021).「スキル・マトリックスの現状分析と作成・活用のあり方」『商事法務』2275, pp.61-73.

牧野 洋 (2007).『不思議の国のM&A：世界の常識日本の非常識』日本経済新聞出版社.

マシュー・サイド (2021).『多様性の科学：画一的で凋落する組織，複数の視点で問題を解決する組織』ディスカヴァー・トゥエンティワン.

松田千恵子 (2021).「時代にそぐわない「執行役員」」『日経ESG』260, pp.88-89.

宮川壽夫 (2022).『新解釈 コーポレートファイナンス理論：「企業価値を拡大すべき」って本当ですか？』ダイヤモンド社.

宮島英昭・原村健二・稲垣健一 (2003).「進展するコーポレート・ガバナンス改革をいかに理解するか：CGS（コーポレート・ガバナンス・スコア）による分析」『フィナンシャル・レビュー』68, pp.156-193.

宮島英昭・新田敬祐・齊藤 直・尾身祐介 (2004).「企業統治と経営効率：企業統治の効果と経路，及び企業特性の影響」『ニッセイ基礎研究所報』33, pp.52-98.

宮島英昭・新田敬祐 (2006).「日本型取締役会の多元的進化：その決定要因とパフォーマンス効果」*Working Paper Series*（*Waseda University Institute of Finance*），WIF-06-003.

宮島英昭・小川 亮 (2012).「日本企業の取締役会構成の変化をいかに理解するか？：取締役会構成の決定要因と社外取締役の導入効果」*RIETI Policy Discussion Paper Series*, 12-P-013.

宮島英昭・齋藤卓爾 (2019).「アベノミクス下の企業統治改革：二つのコードは何をもたらしたのか」*RIETI Policy Discussion Paper Series*, 19-P-026.

三輪晋也 (2006).「日本企業の取締役会と企業価値」『日本経営学会誌』16, pp.56-67.

三輪晋也 (2010).「日本企業の社外取締役と企業業績の関係に関する実証分析」『日本経営学会誌』25, pp.15-27.

森川正之 (2019).「社外取締役と投資行動・経営成果」*RIETI Discussion Paper Series*, 19-J-030.

索　引

【編著者紹介】

円谷　昭一（つむらや・しょういち）

一橋大学大学院経営管理研究科 教授
専門は，財務会計，ディスクロージャー，コーポレート・ガバナンス，
IR（Investor Relations）

2001年，一橋大学商学部卒業
2006年，一橋大学大学院商学研究科博士後期課程修了，博士（商学）
埼玉大学経済学部准教授，一橋大学大学院商学研究科准教授を経て，
2021年より現職
日本IR協議会客員研究員，日本経済会計学会理事，日本IR学会理事

2013年経済産業省「持続的成長への競争力とインセンティブ─企業と投資
家の望ましい関係構築を考える─」委員，2017年りそなアセットマネジメ
ント「責任投資検証会議」委員，2020年金融庁「スチュワードシップ・コ
ード及びコーポレートガバナンス・コードのフォローアップ会議」委員。

主著に『コーポレート・ガバナンス「本当にそうなのか？」大量データか
らみる真実』（同文舘出版，2017年），『政策保有株式の実証分析』（日本経
済新聞出版，2020年）など。

【一橋コーポレート・ガバナンス研究会（一橋CG研）】

円谷昭一が指導する学部ゼミナール（商学部3・4年生）を中心とした私
的研究会。実務で必要とされている検証課題に対し，いくつかのチームで
研究に取り組んでいる。現在は機関投資家のスチュワードシップ活動（議
決権行使など），役員報酬，政策保有株式などを中心にリサーチを進めて
おり，研究成果を広く発信していくことを目指している。

〔お願い〕
一橋コーポレート・ガバナンス研究会は，実務に根差した研究を目指
しています。コーポレート・ガバナンス，ディスクロージャー，スチ
ュワードシップ活動に関して，分析を望まれる検証テーマをお持ちで
あれば，ぜひ一橋CG研にお問い合わせください。
円谷昭一　s.tsumura@r.hit-u.ac.jp

2023年3月20日　　初版発行　　　　　　　　略称：ガバナンス真実2

コーポレート・ガバナンス
「本当にそうなのか？」2
―大量データからみる真実―

編著者 Ⓒ　円　谷　昭　一
発行者　　中　島　豊　彦

発行所　　同文舘出版株式会社

東京都千代田区神田神保町1-41　　　　　　　〒101-0051
電話　営業(03)3294-1801　　　　　　　　　編集(03)3294-1803
振替 00100-8-42935　　　　　　　　　　　　http://www.dobunkan.co.jp

Printed in Japan 2023　　　　　　　　　　製版：一企画
　　　　　　　　　　　　　　　　　　　　印刷・製本：萩原印刷
　　　　　　　　　　　　　　　　　　　　装丁：志岐デザイン事務所

ISBN 978-4-495-21041-0

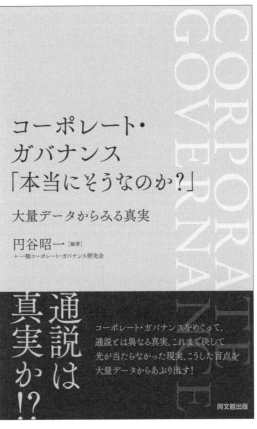

A5 判 176 頁
税込 1,980 円（本体 1,800 円）